Inhaltsverzeichnis

Einführung

Eine Vielzahl von Lehrern[1] treibt sehr gerne Sport, ist in den verschiedensten Sportarten spezialisiert, in einem Sportverein organisiert oder hat ganz einfach Freude an der Bewegung. Leider haben sie kein Sportstudium absolviert und zweifeln vielleicht an ihren ausreichenden Kompetenzen, um guten Sport- und Bewegungsunterricht zu erteilen.

Ich denke, mit der rechten sportlichen Einstellung, dem Willen, sein didaktisches Wissen zu erweitern, und dem allgemeinen pädagogischen Geschick gelingt es auch diesen Kollegen, sich in die Materie „Sport und Bewegung" einzuarbeiten.

Was erwartet man von einem Sportlehrer?
Im Vergleich zu allen anderen Schulfächern, deckt der Sportunterricht sehr gegensätzliche Bereiche ab: Die verschiedenen Spielarten, wie Fußball, Handball, Basketball, haben im Hinblick auf Bewegungsabläufe nicht viel gemeinsam mit Tanzen, Schwimmen, Klettern oder Fahrrad fahren. Gefragt ist an unseren Schulen nicht der Fachspezialist, sondern der Schulsportlehrer, „der die Kompetenz besitzt, die allgemeine Körper- und Bewegungsbildung im Rahmen der schulischen Lehrpläne zu vermitteln – ein dezidiert pädagogischer Auftrag: sie dient der Entwicklungsförderung."[2]
Es geht also darum, den Kindern ein breites Angebot zu ermöglichen, in dem sie auf vielfältige Art und Weise Bewegungserfahrungen sammeln können und Basiskompetenzen entwickeln.

An meiner Schule setzte sich eine Gruppe von Sportlehrern und bewegungsbegeisterten „Nichtsportlehrern" zusammen, um ihre Leitgedanken, Anforderungen und Ziele für unseren Bewegungsunterricht zusammenzustellen. Daraus „bastelte" ich ein Kompetenzraster für angehende sportunterrichtende Lehrer, das Ihnen vielleicht hilft, sich selbst einzuschätzen und frohgemut und unverkrampft die neue Aufgabe anzugehen:

---

[1] Aus Gründen der besseren Lesbarkeit haben wir in diesem Buch durchgehend die männliche Form verwendet. Natürlich sind damit auch immer Frauen und Mädchen gemeint, also Lehrerinnen, Schülerinnen etc.

[2] J. Funk-Wieneke, in: sportpäd 1/07

Kompetenzraster für angehende sportunterrichtende Lehrer

Darauf kommt es mir an:	Ich stimme zu	Ich stimme weniger zu	Darüber möchte ich mehr erfahren
Bewegung ist ein Grundbedürfnis kindlichen Lebens.			
Sport ist ein Vehikel für mentale und psychosoziale Kompetenz.			
Bewegungserziehung lässt sich sehr gut im ganzheitlichen Ansatz verankern.			
Schulung koordinativer Fähigkeiten: ▷ Gleichgewichtsfähigkeit ▷ Reaktionsfähigkeit ▷ Orientierungsfähigkeit ▷ Differenzierungsfähigkeit ▷ Rhythmusfähigkeit			
Förderung motorischer Fähigkeiten			
Verbesserung des Lernverhaltens in den anderen Fächern			
Verbesserung der Konzentrationsfähigkeit durch Bewegung			
Ich-Stärkung des Kindes			
Abbau von Aggression im Schulleben			
Positive Wahrnehmung von Sportunterricht und Schule			
Lebenslange Freude an der Bewegung			

© Verlag an der Ruhr • Postfach 10 22 51 • 45422 Mülheim an der Ruhr • www.verlagruhr.de • ISBN 978-3-8346-0308-1

Sport ist Bewegung – Bewegung ist Sport

Die Gedanken und Zielsetzungen meiner Kollegen zeigen es deutlich:
Es hat sich ein Sinneswandel vollzogen – vom Sportfachunterricht zum Fächerverbund „Bewegung, Sport und Spiel". In unseren Bildungsplänen der Grundschule werden längst keine Inhalte des Faches Sport mehr ausgewiesen, sondern
vielmehr Kompetenzen beschrieben, die die Kinder durch Bewegung erwerben
können – und dabei sind uns weder räumliche noch zeitliche Grenzen gesetzt.
Überall, wo es für die Entwicklung des Kindes positiv erscheint, kann auf Bewe-
gungsinhalte zurückgegriffen werden. Der Rückschluss daraus ist: Je mehr Lehrer
sich für Bewegungsunterricht interessieren, umso leichter lässt sich dieses inte-
grative Prinzip der Bewegung an unseren Schulen umsetzen.

Unsere Kinder wünschen sich einen abwechslungsreichen, bewegungsintensiven
Sportunterricht und einen Schulalltag, der ihrem natürlichen Bewegungsdrang
gerecht wird, der rhythmisiert wird durch Anstrengung und Entspannung.
Mit meinem Buch starte ich den Versuch, möglichst viele Kollegen für Bewe-
gungs- und Sportunterricht zu begeistern. Dies geschieht mit der Überzeugung,
dass unsere Kinder sehr viel mehr davon profitieren, wenn ihr Unterricht von
jemandem angeleitet wird, der motiviert seine Stunden plant.

Formen des Bewegungsunterrichts

Betrachtet man Bewegung und Sport als didaktisches Prinzip, so gibt es ganz
unterschiedliche Möglichkeiten, seine Fähigkeiten als Lehrkraft einzusetzen.
Erhalte ich in meinem Deputat ganz offiziell den Sportunterricht an der Klasse X
zugewiesen, so liegt mein Hauptaugenmerk natürlich auf der Planung und
Durchführung der Sportstunde. Darüber hinaus möchte ich Ihnen mit diesem
Buch aber auch Anregungen geben für ...

- die Bewegungsstunde,
- den bewegungsorientierten Unterricht,
- die Pausengestaltung,
- zusätzliche Angebote im Ganztagsbetrieb.

Kapitel 1

Die erste Sportstunde – Organisation bevor es losgeht ...

Die erste Sportstunde – Organisation bevor es losgeht ...

„Jetzt hab ich's schwarz auf weiß:
Das neue Schuljahr beginnt bald, und ich erteile
in meiner Klasse Sport – zum ersten Mal in meinem Leben."

Meine Sporttasche

Nicht selten erlebte ich die Sportsituation so:
20 Kinder wuselten durch die Sporthalle,
irgendwo stand oder saß die Lehrkraft in
Straßenkleidung, bestenfalls trug sie die
Hallensportschuhe.

Dabei bietet gerade der Sportunterricht
die Möglichkeit, Nähe zu den Schülern
zu schaffen – eine Basis für respekt-
vollen Umgang miteinander.

Ich liebe den Sport und die Bewegung – und das zeige ich auch ...

- Kommen Sie funktionell
  gekleidet in die Sporthalle
  (Sportkleidung, Sportschuhe).
- Legen Sie selbst störenden
  Schmuck ab.
- Machen Sie auch einmal mit,
  d.h. seien Sie nicht nur „Schiedsrichter" bei einem Spiel, sondern
  auch Teilnehmer.

Wer sich bewegt, fällt auch einmal auf die Nase. Trotzdem leidet in vielen Sporthallen der Erste-Hilfe-Kasten an Verwahrlosung (und Materialschwund). Eine Grundausstattung an Erste-Hilfe-Materialien sollten Sie deshalb immer in Ihrer Sporttasche parat haben, damit Sie für den Notfall gewappnet sind:

- ausreichend Pflaster in verschiedenen Größen
- Kompressen
- eine Schere
- elastischer und steriler Verband
- ein Dreieckstuch
- eine Rettungsdecke
- Einmalhandschuhe
- ein Kühlelement

Die Sporttasche der Kinder

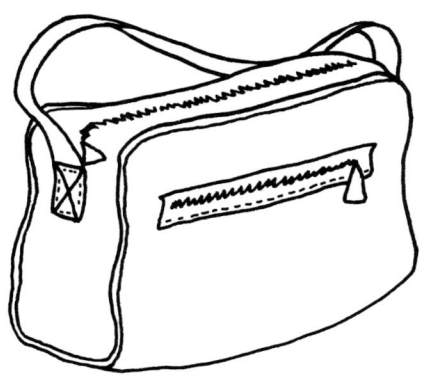

Damit nicht nur Sie, sondern auch die Kinder für den Sportunterricht bestens ausgerüstet sind, sollten Sie eine vom Sportteam der Schule vorbereitete Checkliste an die Eltern verteilen, die jeweils zu Beginn des Schuljahres ausgegeben wird.

Eine solche **Checkliste** könnte z.B. so aussehen (siehe nächste Seite):

Checkliste ✓

für den Sportunterricht

Liebe Eltern der Klasse _____ ! Datum: _____

Bitte beachten Sie auf dem Stundenplan Ihres Kindes, an welchen Tagen wir Sportunterricht haben. An diesen Tagen sollte Ihr Kind folgende Dinge dabei haben: eine Sporttasche mit

- einer Sporthose (lang oder kurz, entsprechend der Jahreszeit),
- ein Sporthemd / T-Shirt,
- Sportschuhe für die Halle (möglichst keine schwarze Sohle),
- Strümpfe,
- ein Handtuch,
- Duschgel.

Bitte verzichten Sie an diesen Tagen auf Schmuck. Ohrringe können auch mit einem Tape-Klebeband abgeklebt werden.

- Benötigt Ihr Kind regelmäßig Medikamente? Wenn ja, welche?

  _____

- Hat Ihr Kind gesundheitliche Probleme (Diabetes, Asthma etc.)?

  _____

Bitte achten Sie darauf, dass Ihr Sohn / Ihre Tochter die Sportkleidung in regelmäßigen Abständen zum Waschen mit nach Hause nimmt.

Vielen Dank!

Mit freundlichen Grüßen

_____   _____
Unterschrift Lehrer   *Unterschrift der Erziehungsberechtigten*

© Verlag an der Ruhr • Postfach 10 22 51 • 45422 Mülheim an der Ruhr • www.verlagruhr.de • ISBN 978-3-8346-0308-1

Regeln beim Umkleiden

Je weniger mit in die **Umkleide-kabine** mitgenommen wird, umso weniger kann verloren gehen. Lassen Sie die Schul-taschen also auf jeden Fall im Klassenzimmer. Schultaschen sollten nur zu Randstunden (erste oder letzte Schulstunde) mit in die Umkleidekabine genommen werden.

Frau Meier, ich krieg meinen Schuh nicht auf…

Beraten Sie die Eltern beim ersten Elternabend dahingehend, die Kinder an Tagen des Sportunter-richts funktionell zu kleiden.

Bei Schulneulingen ist es wichtig, dass die Eltern Dinge wie das Öffnen und Schließen des neuen Anoraks oder der Schuhe zu Hause nochmals üben – sonst opfern Sie kostbare Unterrichtszeit!

Weisen Sie Schulneulingen eventuell vor der ersten Sportstunde einen individu-ellen Platz zu. Kleine Bildchen erleichtern den Kindern die Orientierung und helfen ihnen nach dem Unterricht, ihre Sachen wiederzufinden.

Für alle kleinen und großen Sportler sollte immer gelten:

- Hängt eure Kleider an den Haken, oder legt sie auf die Umkleidebank – nicht auf den Boden!
- Zieht euch zügig und leise um – desto mehr Bewegungszeit bleibt!

Achten Sie bei der Übernahme einer neuen Klasse verstärkt auf diese beiden Regeln, auch wenn es anfangs auf Kosten der Unterrichtszeit geht – es zahlt sich langfristig gesehen aus!

Nach dem Umkleiden geht es auf dem direkten Weg in die Halle zum vorher besprochenen **Sammelplatz**. Entscheiden Sie selbst, ob Sie die Kinder lieber auf einer Bank sammeln oder in einem Sitzkreis. Ich bevorzuge die zweite Lösung, weil man sich in Kreisform besser austauschen kann. Hilfreich sind dazu die Linien der Spielfelder, die Sie in jeder Sporthalle finden. Wir treffen uns immer am Mittelkreis des Handballfeldes.

Sie stellen vielleicht fest, dass sich die Schüler unterschiedlich schnell umkleiden. Die eine Gruppe motivierter Kinder sitzt bereits wartend im Kreis, während andere noch nicht einmal die Straßenschuhe ausgezogen haben.
In diesem Fall gestatte ich den „schnellen" Kindern, sich in zuvor festgelegten Gruppen jeweils einen Ball zu nehmen, um ein kleines Spiel zu spielen.
Der Favorit meiner 3. Klasse ist das **„Zehnerle"**: Die Kleingruppe bewegt sich im Raum und versucht, sich den Ball 10-mal zuzuwerfen, ohne dass er den Boden berührt. Fällt er herunter, beginnt das Zählen von Neuem.
Dieses Spiel lässt sich sehr gut ohne Schiedsrichter durchführen, weil es keinen Wettbewerbscharakter hat. Gleichzeitig „erwärmen" sich die Kinder spielerisch und verbessern die Ballwurf- und Fangkompetenz. Brechen Sie das Spiel einfach ab, wenn dann alle Kinder mit dem Umziehen fertig sind.

Nach dem Sportunterricht sollten die Kinder auf jeden Fall ihre Ober-bekleidung wechseln: Bewegung strengt an, auch Kinder kommen ins Schwitzen und ein feuchtes T-Shirt härtet nicht ab, sondern macht krank und ist zudem unhygienisch. Auch wenn nicht die Zeit für eine erfrischende Dusche nach dem Sportunterricht bleibt, so sollten die Kinder doch die Möglichkeit haben, sich kurz abzuwaschen. Der Sportunterricht bietet also auch Raum zur Hygieneerziehung.

Vorsicht Unfallgefahr!

Eines muss allen Beteiligten klar sein: Schmuck stört beim Sport und ist gefährlich! Wer einmal miterleben musste, wie eine Kette hässliche Würgemale hinterlassen hat, bevor sie endlich riss, oder wie ein Ohrring aus einem Ohrläppchen gerissen wird, weiß um die Notwendigkeit der Regel: **Schmuck ab!**

> 🔔 Klären Sie vorher die Handhabung mit dem Kollegium ab.
> 🔔 Klären Sie die Eltern auf.
> 🔔 Besprechen Sie es mit den Kindern.
> 🔔 Halten Sie eine Schuhschachtel o.Ä. bereit,
>   um die Wertsachen zu sammeln.
> 🔔 Gehen Sie mit gutem Beispiel voran.

Auch Brillen müssen sinnvollerweise abgenommen werden, es sein denn, ein Schüler verfügt über eine Sportbrille, die mit einem Gummiband anstatt mit Bügeln gehalten wird.

Keine Angst vor großen Geräten!

Aus vielen Gesprächen mit Kollegen weiß ich, dass vor allem der Aufbau und Umgang mit Geräten „Bauchweh" bereitet:

- Wie baue ich ein solches Gerät auf?
- Wie sichere ich sinnvoll ab?
- Wie beziehe ich meine Klasse mit ein?

Am einfachsten und gleichsam effektivsten ist es, die Gewöhnung an Geräte und deren sicheren Aufbau spielerisch zu üben. Dazu eignen sich einfache Spiele in einem so genannten Bewegungsgarten. Vorstellen möchte ich Ihnen dafür das Dschungelspiel.

Vorbereitung zum Dschungelspiel

In einer der ersten Sportstunden findet eine Begehung des **Geräteraumes** statt. Klären Sie mit Ihren Kindern:

- Wo befinden sich die einzelnen Geräte?
- Was ist in den Schränken eingeräumt?
- Wie heißen die Geräte?

Eigentlich hat jeder Sportgeräteraum seine eigene Ordnung, abhängig von Infrastruktur, Geräteangebot und Erfahrungswerten der Sportlehrer (und des Hausmeisters). Machen Sie den Kindern klar, dass jedes Gerät wieder an den dafür vorgesehenen Platz zurückgeräumt werden muss.
Auf diese Weise sparen Sie sich Ärger mit anderen Sportkollegen. Auch können Sie davon ausgehen, dass die angetroffene Ordnung wohlüberlegt ist.

In manchen Geräteräumen hängen Schilder, wo was zu finden ist.
Folgende **Idee** fand ich originell und einfach: Machen Sie ein paar Fotos von der bestehenden Ordnung im Geräteraum. Lassen Sie die Fotos auf DIN-A4-Format vergrößern, folieren Sie die Aufnahmen, und hängen Sie die Bilder an geeigneter Stelle im Geräteraum auf. So weiß jeder Neuankömmling genau, wie es aussehen sollte, wenn alles wieder eingeräumt ist.

Für das Dschungelspiel benötigen Sie eine Vielzahl verschiedener Geräte. Markieren Sie zunächst mit Hilfe der Pylone (Hütchen) in der Halle, wo welche Geräte aufgebaut werden sollen. Ein Aufbauplan zum Spiel (s. S. 18) hilft allen, den Überblick zu bewahren. Legen Sie zu jedem Pylon eine Kopie des Aufbauplans als Orientierungshilfe für die Schüler.

Bevor Sie jedoch mit dem Aufbau der Geräte beginnen, sollten Sie mit den Kindern klären, wie genau die einzelnen Geräte transportiert werden müssen (s. S. 19 – 23).

Ablauf

- In unserem Spiel gibt es 4 Äffchen (Fänger).
  Sie tragen farbige Mannschaftsbänder.
  Alle Kinder bewegen sich frei im Bewegungsdschungel.
  Aber Vorsicht: Wer den Hallenboden betritt, versinkt im Sumpf.
  Er muss dort liegen bleiben, bis er von einigen anderen Mitspielern
  gerettet wird, indem sie ihn zurück auf die Matte oder das Gerät ziehen.
- Die Äffchen sind derweilen bemüht, „Dschungeltouristen" zu fangen
  und in ihr „Affengefängnis" zu bringen.
- Das Affengefängnis besteht aus 3 blauen Matten, die in einer Ecke
  der Halle liegen – zur Erschwerung können noch Gefängnistore
  aus umgedrehten Kastenteilen drumherum gebaut werden, durch
  die die Kinder in und aus dem Gefängnis kriechen müssen.
- Gefangene Dschungeltouristen können durch Abschlagen
  ihrer Mitspieler wieder aus dem Gefängnis befreit werden.
- Schaffen es die Äffchen in vorgegebener Zeit,
  alle Dschungeltouristen zu fangen?

Beispiel für einen Aufbauplan des Dschungelspiels

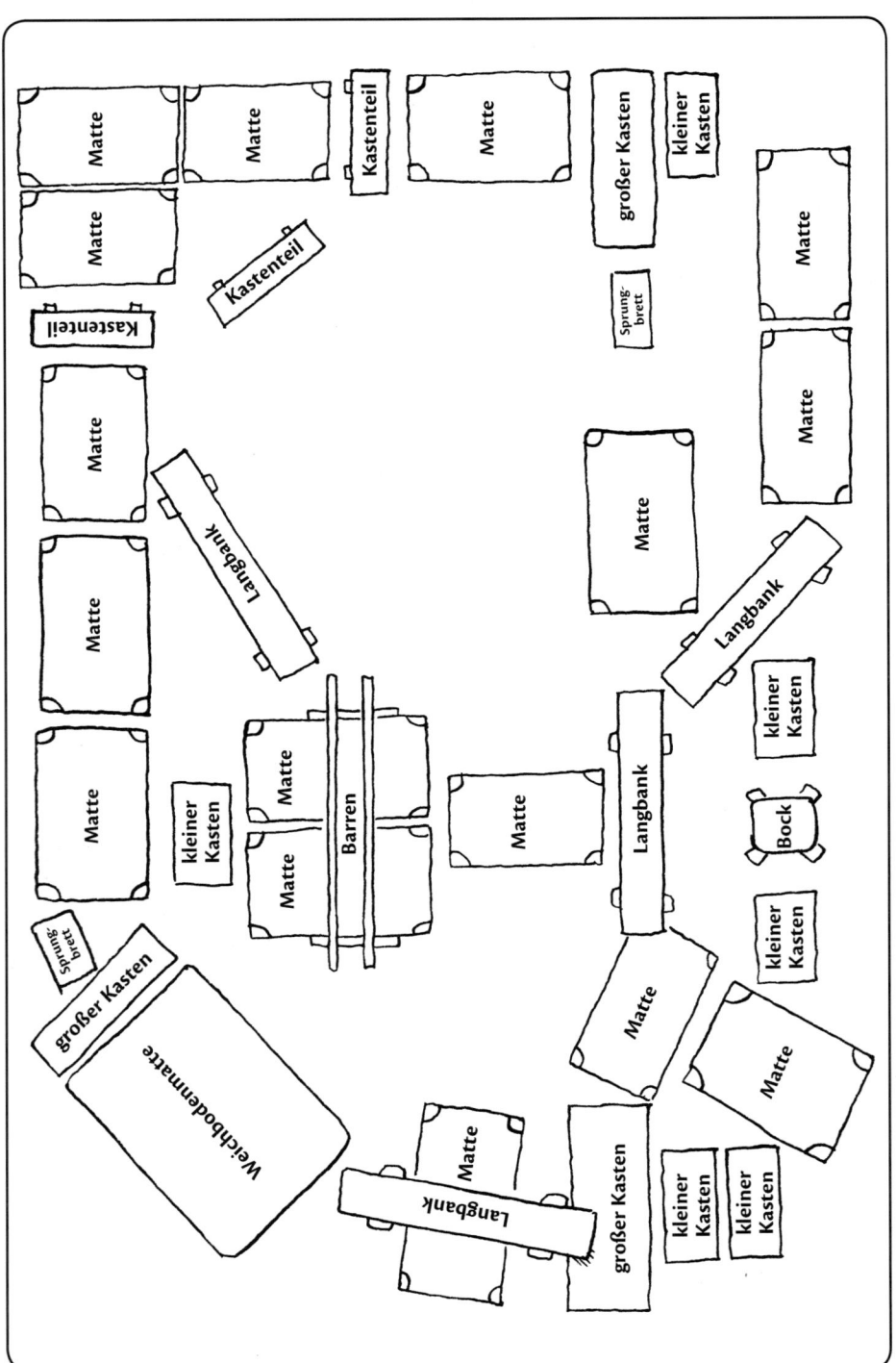

© Verlag an der Ruhr • Postfach 10 22 51 • 45422 Mülheim an der Ruhr • www.verlagruhr.de • ISBN 978-3-8346-0308-1

Aber ich kann
nicht Sport
doch gar
unterrichten!

Richtiger Aufbau – leicht gemacht

Da der Aufbau der Geräte möglichst von den Kindern selbst durchgeführt werden sollte, benötigen sie von Anfang an visuell unterstützende Hilfsmittel und konsequente Anleitungen im Umgang mit den Geräten. Erfahrungsgemäß können bereits Kinder im 2. Schuljahr – falls konsequent geübt – sehr selbstständig Gerätelandschaften aufbauen. Nur Mut!

Dennoch: Fassen Sie bei großen Geräten selbst mit an! Führen Sie das Ritual der Sicherheitskontrolle ein: Niemand geht auf die Geräte, bis nicht vom Lehrer überprüft wurde, ob alles fachmännisch aufgebaut ist.

Sicherheitshinweise und Abbildung der richtigen Trageweise der Geräte im Überblick:

Achtung: Alle Großgeräte müssen ohne Stolperkanten großzügig mit Matten gesichert werden!

Turnmatten

Immer 2–4 Kindern ziehen den Mattenwagen und platzieren ihn so in der Halle, dass die Matten leicht von je 4 Kindern nach vorne heruntergezogen werden können. Niemand darf auf dem Mattenwagen sitzen!

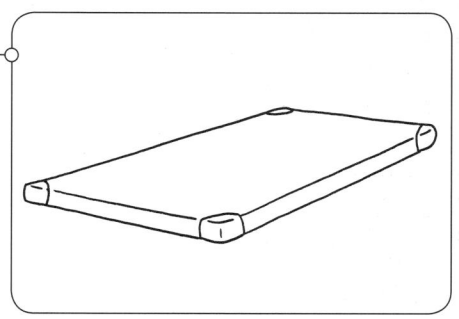

Tipps:

✑ Der Mattenwagen wird am besten mit dem Eisengriff schmalseitig gegen eine Wand geschoben.

✑ Beim Transport der Matten nie rückwärts gehen!

Die Matten werden immer von 4 Kindern getragen (4 Schlaufen oder Ecken!). Liegt die Matte, müssen die Schlaufen unter sie geschoben werden.

Weichbodenmatte

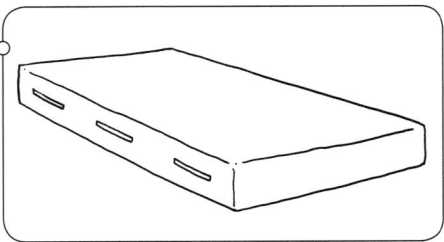

Immer 6 Kinder tragen eine Weichbodenmatte. Lassen Sie die Weichbodenmatte stets auf die rutschfeste
Seite legen.

Tipps:

- Die Matten stehen meist senkrecht aufgestellt.
  Wird der Gurt gelöst, stehen die Kinder seitlich,
  damit keines darunter begraben wird!
- Beim Transport nie rückwärts gehen!

Kleiner Kasten

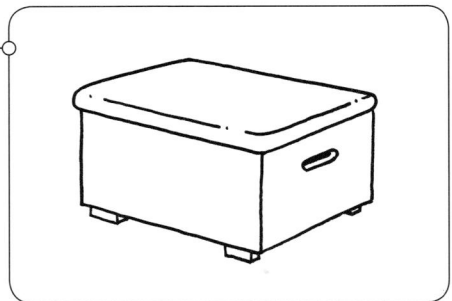

Immer 2 Kinder tragen einen
kleinen Kasten.

Tipps:

- Beim Absetzen auf die eigenen
  Füße achten!
- Beim Transport nie rückwärts gehen!

Bock

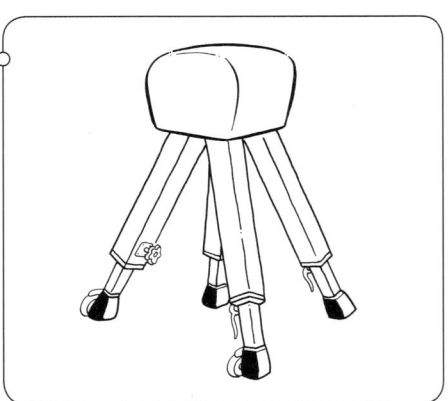

Immer 2 Kinder schieben den Bock.
Dieses Gerät hat an den „Vorderbei-
nen" Rollen, also muss das Gerät beim
Schieben leicht schräg gestellt werden.

Tipps:

- Auf Füße, Kopf und Finger achten!
- Beim Transport nie rückwärts gehen!

Großer Kasten / Kastenteile

Lösen Sie zunächst die Laufrollen und arretieren Sie diese. Achten Sie auf das Klicken beim Einrasten, sonst schnellen die Laufrollen wieder zurück und könnten einen Fuß verletzen.

Immer 2 Kinder schieben den Kasten.
Vorsicht: Kein Kind sitzt auf dem Kasten beim Transport!
Am Ziel angekommen, stellen Sie den Kasten fest!
(Laufrollen wieder aushängen)

Abnehmen der Kastenteile: 2 Kinder heben den Deckel ab.
Nun können je 2 Kinder ein Kastenteil herausheben.

Sprossenwand / Gitterwand

Zum Klettern oder Rutschen muss man die Sprossenwand nicht unbedingt bewegen. Will man sie aber in einer Bewegungslandschaft einbauen, so lösen Sie, wenn möglich, den Arretierungshebel am Boden, schieben die Sprossenwand in den Raum und stellen Sie sie wieder fest.

Tipp:
Bitte selber machen!

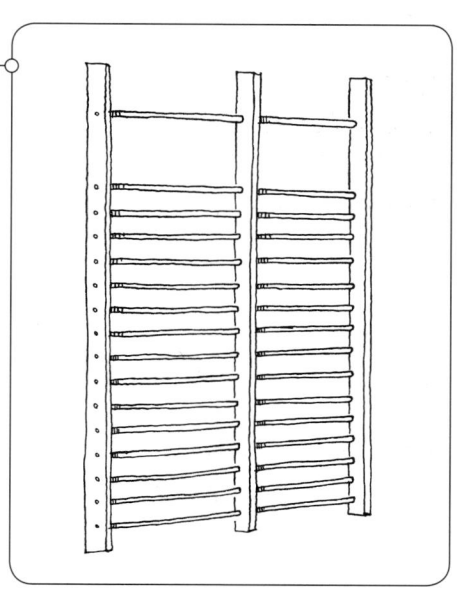

Langbank

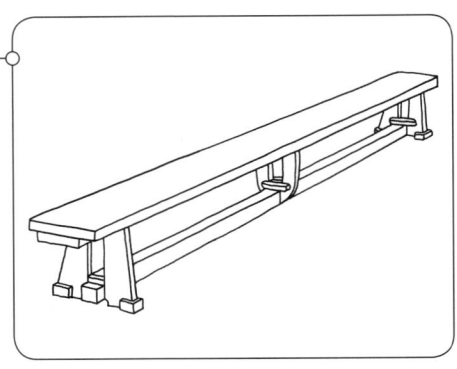

6 – 8 Kinder tragen die Langbank.
Je 2 Kinder außen und 2 Kinder
in der Mitte.

Tipps:

🗲 Eine gute Orientierungshilfe
zum Aufstellen der Bank in der
Halle sind die Markierungslinien
auf dem Boden.

🗲 Beim Absetzen auf die eigenen Füße achten!

🗲 Wollen Sie die Bank in die Sprossenwand einhängen?
Achten Sie auf den Arretierungsbalken an der Stirnseite der Bank.

🗲 Beim Transport nie rückwärts gehen!

Barren

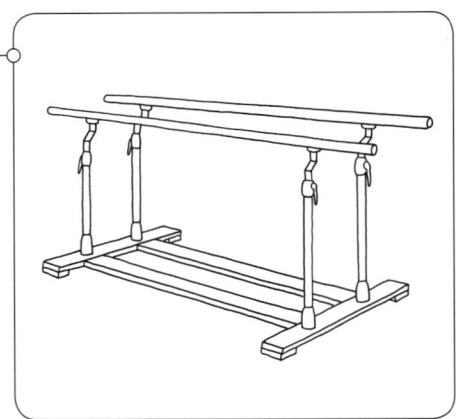

Die meisten Barren haben Laufrollen
unter den Eisenfüßen. Achten Sie auf
das Klicken beim Einrasten, sonst
schnellen die Laufrollen wieder zurück
und könnten einen Fuß verletzen.

Zuerst lösen Sie die Rollen und machen
den Barren fahrbereit. Nun schieben
4 Kinder den Barren in den Raum.

Tipps:

🗲 Kein Kind fährt auf dem Barren mit!

🗲 Das Feststellen des Barrens im Raum übernehmen wieder Sie.

🗲 Wollen Sie die Holme unterschiedlich hochstellen?
Lösen Sie den Haken an der Stirnseite des Barrens, und schieben Sie den Holm
in die gewünschte Höhe; Haken wieder feststellen. Dabei müssen zwei größere Kinder auf der anderen Stirnseite mit hochschieben. **Achtung, Kopf!**

Minitrampolin

Das Zusammenbauen des Minitrampo-
lins erfordert viel Kraft. Daher sollten
Sie den Aufbau übernehmen! Können
Sie die Federn nicht selbst spannen,
bitten Sie eine andere Sportfachkraft
hinzu. Prüfen Sie, ob das Gerät nicht
hochkant aufgestellt im Geräteraum
Platz hat. Das Minitrampolin wird
immer von 4 Kindern getragen.

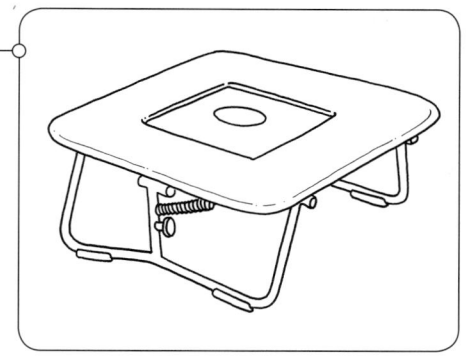

Tipp:

✏ Kein Kind hüpft vor der Sicherheitsabnahme auf dem Minitrampolin.

Taue und Ringe

Diese Geräte sollten stets als Letztes
aufgebaut und als Erstes wieder
aufgeräumt werden.

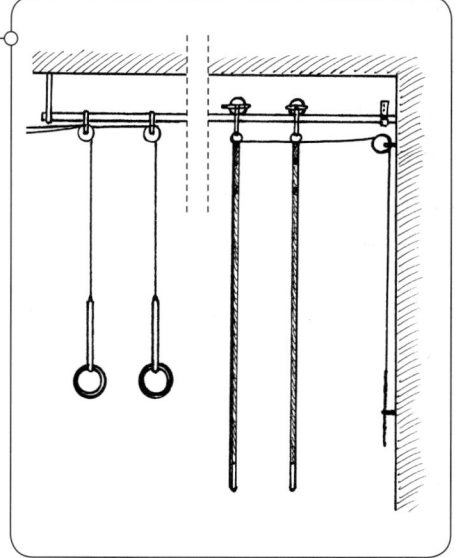

Tipp:

✏ Bitte selbst aufbauen!

Ziehen Sie an dem ersten Tau in
Richtung Raummitte, bis sich die Taue
an der Decke festgehakt haben.
Lösen Sie die Arretierungsketten an
der Wand, und ziehen Sie die Ringe
mit Hilfe eines Ringhakens herunter.

**Aber ich kann
nicht Sport**   **doch gar
unterrichten!**   **23**

Regeln und Rituale

Bewegungsunterricht ohne Regeln funktioniert nicht und führt geradewegs ins Chaos. Erleichternd für Ihre Arbeit ist die Absprache in der Fachkonferenz Sport. Wie solch ein Regelkatalog aussehen könnte, verdeutlichen die Regelkarten (s.u.).

Pädagogisch wertvoller ist es natürlich, die Regeln mit den Kindern im Unterricht zu erarbeiten. Schließlich thematisiert man Klassen- und Gesprächsregeln ebenfalls, weil man um die Bedeutung der Nachhaltigkeit weiß und auf ein besseres Verständnis durch die Schüler hofft. Diese eigenen Regeln können Sie auf einem Poster gestalten lassen und in der Halle aufhängen.

Beachten Sie aber bitte, dass diese Regeln keine „Papiertiger" werden. Insbesondere im Sportunterricht ist das Einhalten von Regeln auf Grund der erhöhten Unfallgefahr unerlässlich.

Regeln im Sport

Wir tragen beim Sport Sportkleidung!

Kein Schmuck im Sportunterricht!

Wir beginnen im Sitzkreis!

Vorsicht: Nicht auf die Geräte vor der Sicherheitskontrolle!

Rücksicht nehmen: Wir üben, ohne zu rempeln und zu drängeln!

Kinder wissen aus Beobachtung und Erfahrung, dass es kein Sportspiel ohne Schiedsrichter gibt und dass Fehlverhalten auf dem Spielfeld konsequent geahndet wird. Dieses Wissen mache ich mir auch im Sportunterricht zu Nutze:

Wer sich nicht an eine wichtige Regel hält, erhält als Konsequenz eine **„gelbe Karte"**. Sie bedeutet: Achtung, dies ist eine Ermahnung! Der Wiederholungstäter sieht **„rot"** und nimmt eine kurze Auszeit auf der Bank. Erst wenn geklärt ist, weshalb das Kind pausieren musste, und es sich einsichtig zeigt, nimmt es wieder am Unterricht teil.

Wir spielen miteinander! 	**Umsicht beim Aufbau!** Wie wird aufgebaut? Wer hilft wem? 	**Achtet auf eure Hände und Füße beim Auf- und Abbau! – Turnschuhe tragen!** 

Wir geben uns gegenseitig Hilfestellung! 	**Achtung: Wir gehen nur mit Erlaubnis in den Geräteraum!** 

Kennen Sie den Lei-Webe?

Sehr viel lieber arbeite ich jedoch mit dem **positiven Verstärker-Prinzip**.

Um einen ruhigen Abbau der Geräte nach der Übungsstunde zu gewährleisten, führte ich den „Lei-Webe" ein, den „Leise-Wettbewerb".
Es ist wichtig, dass die Kinder genau wissen, welche Geräte sie aufräumen müssen. Also teile ich die Klasse in kleine Gruppen ein und gebe jeder Gruppe, entsprechend ihrer Möglichkeiten, einen Arbeitsauftrag: Dabei berücksichtige ich die körperliche Konstitution der Kinder und ihre Fähigkeit, selbstständig und umsichtig zu handeln. Ebenso beachte ich, welche Geräte zuerst in den Geräteraum müssen, um das Aufräumen zu erleichtern.

Bevor nun alle mit dem Aufräumen beginnen, stelle ich die **Lei-Webe-Frage**:

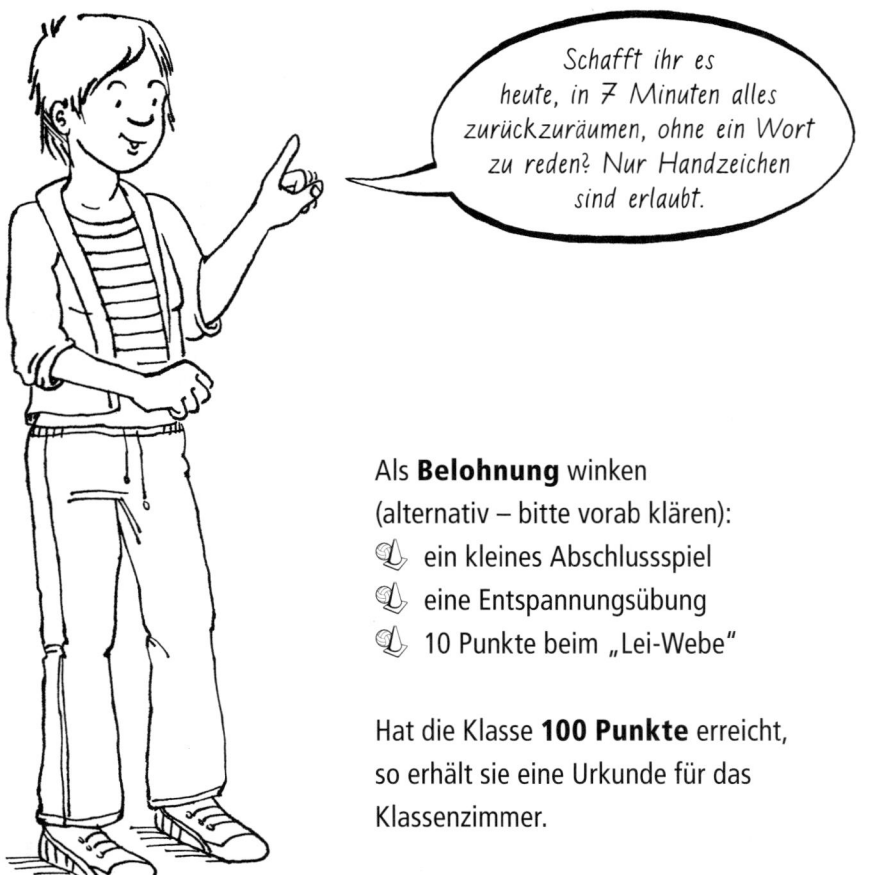

Schafft ihr es heute, in 7 Minuten alles zurückzuräumen, ohne ein Wort zu reden? Nur Handzeichen sind erlaubt.

Als **Belohnung** winken
(alternativ – bitte vorab klären):
- ein kleines Abschlussspiel
- eine Entspannungsübung
- 10 Punkte beim „Lei-Webe"

Hat die Klasse **100 Punkte** erreicht, so erhält sie eine Urkunde für das Klassenzimmer.

URKUNDE

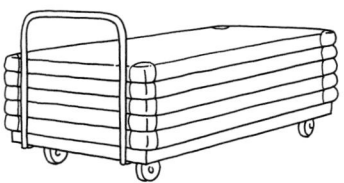

Die Klasse _____

hat erfolgreich am „Lei-Webe"

teilgenommen und

100 Punkte

erreicht.

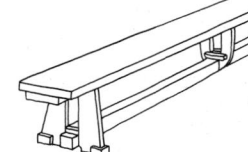

Herzlichen Glückwunsch!

_____

Unterschrift

© Verlag an der Ruhr • Postfach 10 22 51 • 45422 Mülheim an der Ruhr • www.verlagruhr.de • ISBN 978-3-8346-0308-1

Rituale

Rituale strukturieren Ihren Unterricht und geben Ihren Schülern Orientierungshilfe. Dies gilt für die Sportstunde ebenso wie für den Unterricht im Klassenzimmer.

Folgende **Rituale** helfen mir:

- der gemeinsame Stundenbeginn im Sitzkreis
  (wir klären, was heute auf dem Programm steht)
- eine Aufwärmphase
- feste Gruppen mit Gruppennamen
- vereinbarte Handzeichen (z.B. zusammenkommen, einfrieren, leise sein)
- ein gemeinsamer Abschluss (Entspannungsübung, Abschlussspiel)
- eine Abschlussbesprechung im Sitzkreis vor der Verabschiedung

Bewegte Kinder sind laute Kinder – Wie schone ich dabei meine Stimme?

„Sportunterricht kann furchtbar anstrengend sein."

„Er ist ein freudvolles, entspannendes Unterfangen für alle Beteiligten, wenn man sich einiger hilfreicher Tipps bedient."

Ich selbst bevorzuge Handzeichen. Arm und Hand nach oben ausgestreckt, bedeutet: „Bitte alle herkommen!"

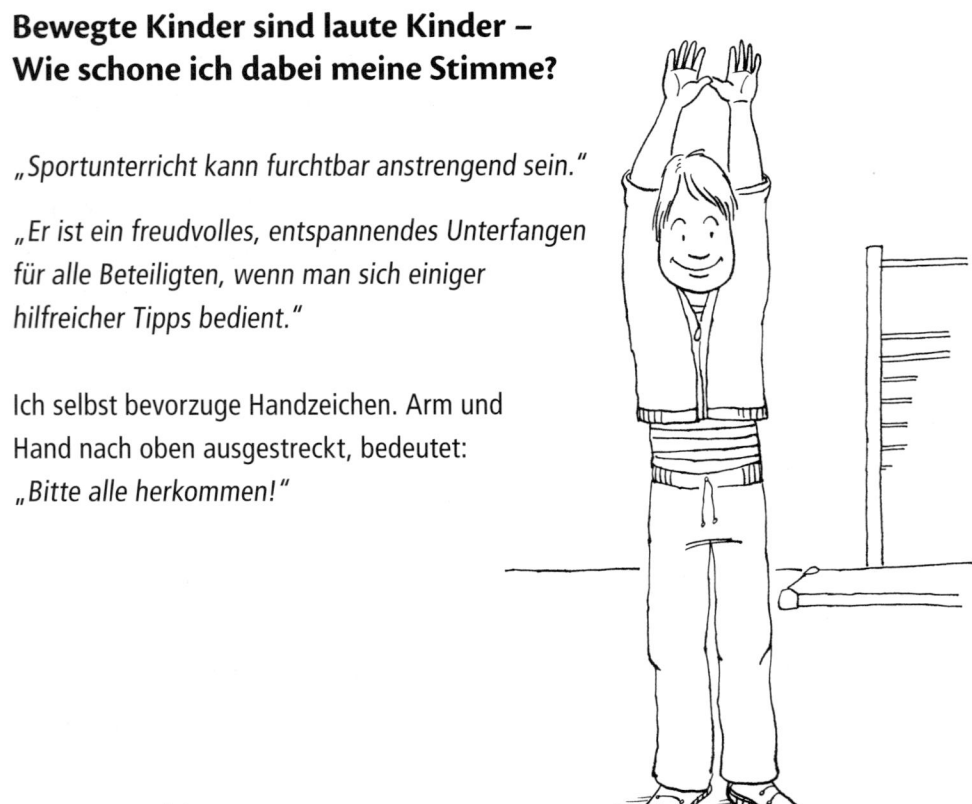

> 🔔 Führen Sie ein akustisches oder optisches Signal ein, wenn Sie eine neue Phase einleiten oder sich zu Wort melden wollen.
>
> 🔔 Reagieren Sie konsequent, wenn Schüler Ihr Zeichen missachten.

Mit der Hand ein Mäuschen geformt, bedeutet: *„Mund zu, Ohren spitzen, bleiben, wo ihr seid. Es gibt etwas zu klären."*

Nun warte ich wirklich, bis alle aufmerksam und still sind. Auch Bälle werden nicht mehr geprellt, sondern ruhig in der Hand gehalten – möglichst mit Bodenkontakt. Vielleicht erscheint Ihnen das Warten zunächst als aufreibend lang, aber mit klarer Konsequenz durchgeführt, ersparen Sie sich in den Folgestunden viele zeit- und kraftraubende Disziplinierungsansprachen.
Von anderen Kollegen werden akustische Signale bevorzugt (z.B. das Tamburin). Probieren Sie aus, was zu Ihnen am besten passt.

Wollen Sie ein Spiel oder einen neuen Bewegungsverlauf erklären, so tun Sie das direkt am Gerät und mit konkretem Schülerbeispiel. Anschaulichkeit verkürzt den „Redeschwall" des Lehrers, erhält die Aufmerksamkeit der Schüler – und schont Ihre Stimme!

Beim Stationentraining lässt sich auch sehr gut Musik einsetzen:
Während der Übungsphase ist die Musik ausgeschaltet,
beim Stationenwechsel wird die Musik eingeschaltet.
Gelegentlich handhabe ich es auch andersherum:
Während des Übens läuft „fetzige" Musik.
Die Kinder genießen diese fröhliche
Atmosphäre und danken es mit eifriger
Mitarbeit.

Aber ich kann doch gar
nicht Sport unterrichten!

Kapitel 2

Struktur einer Sport- stunde und Spielideen für den Stundenbeginn

Aber ich kann
nicht Sport

doch gar
unterrichten!

Struktur einer Sportstunde und Spielideen für den Stundenbeginn

Eintauchen in die Stunde

Bewusst nenne ich die erste Phase des Sportunterrichts nicht Aufwärmphase, weil Kinder im Grundschulalter auf Grund ihres natürlichen Bewegungsdranges, im Gegensatz zu Erwachsenen, die eine Sportstunde besuchen wollen, eigentlich bereits „erwärmt" sind. Auch ist die Verletzungsgefahr bei jüngeren Kindern wegen der Flexibilität des Bewegungsapparates wesentlich geringer.

Besser ist es, die Einstimmung stets am Stundenziel und am gewählten Stundeninhalt zu orientieren.

Möchte ich mit den Kindern zum Beispiel an Geräten turnen, sind grundsätzliche motorische Kompetenzen, wie Körperspannung und ganzkörperliche Dehnung, gefragt. Die Kinder sollen die Möglichkeiten ihres Körpers erspüren. Wie fühlt es sich an, wenn mein Bein ganz angespannt und bis in die Zehenspitzen gestreckt ist? Was passiert mit meinem Körper, wenn ich auf Zehenspitzen, beide Arme über den Kopf gestreckt, durch den Raum gehe?

Will ich auf ein großes Spiel, zum Beispiel Handball, hinarbeiten, so wird Reaktionsschnelligkeit, Wendigkeit und Schnellkraft verlangt. Dies sind Kompetenzen, die sehr gut über kleine Spiele erarbeitet werden können.

Nicht vergessen sollte man auch, dass die Kinder vor einer Sportstunde gerade einige Stunden im Klassenzimmer verbracht haben. Die Einstimmungsphase hilft ihnen, sich auf die neue Gegebenheit in der Sporthalle einzustellen.

Wichtige Kriterien des Stundenbeginns:

- Alle Kinder haben die Chance auf viel Bewegung.
- Sie entscheiden die Bewegungsintensität mit.

☯ Wir verzichten auf Bewegungsformen mit Wettbewerbscharakter.

☯ Es gibt kein Ausscheiden.

☯ Er ist bewegungsmotivierend.

☯ Er bereitet auf den Hauptteil der Stunde vor.

Danach folgt der intensive Hauptteil der Stunde, bei dem das eigentliche Thema im Mittelpunkt steht. Der Ausklang kann entspannend oder nochmals freudvoll bewegt sein.

15 Spielideen für den Stundenbeginn

Die auf den Seiten 37–47 vorgestellten Spiele sind wegen ihrer freudvollen Note, ihres bewegungsstimulierenden Charakters, ihrer Bewegungsintensität und der intuitiven Wirksamkeit ein wesentlicher Bestandteil einer Sportstunde. Sie regen das Herz-Kreislauf-System an, bahnen Grundfertigkeiten, wie Schnelligkeit, Wendigkeit oder Reaktionsvermögen, an, stimmen die Kinder auf die nachfolgende Unterrichtssequenz ein oder helfen manchmal einfach, sich abzureagieren. Sie lassen sich auch jederzeit im Rahmen des Schulvormittags einbinden, wenn man das Gefühl hat, die Kinder brauchen Bewegung: 10 Minuten Bewegungspause im Schulhof wirken Wunder!

Wer Sportunterricht in Einzelstunden und in den ersten Klassen unterrichtet, steht oft vor einem Dilemma: Abzüglich der Umkleidezeit bleiben nur noch 30 Bewegungsminuten. Es spricht nichts dagegen, an solchen Tagen die Bewegungseinheit mit mehreren kleinen Spielen zu füllen.

Doch bevor es losgeht, noch ein paar wichtige Infos auf den Seiten 34–36.

Richtig erklären – kurz, knackig, anschaulich

Kennen Sie diese Situation? – Oma bringt ein neues Gesellschaftsspiel mit. Gleich setzen sich alle an den Tisch und wollen mit dem Spielen beginnen. Schon nach 5 Minuten gibt es den ersten Streit: Die Spielregeln sind unklar, der Wissenstand der Spieler unterschiedlich! Ähnliches passiert im Unterricht, wenn die Spielvoraussetzungen nicht optimal geschaffen sind. Grundsätzlich sollten deshalb vor jedem Spiel die Spielregeln wiederholt oder erklärt werden. Je kürzer die Erklärungsphase, desto früher können die Kinder beginnen und müssen nicht zu lange (vielleicht sogar fröstelnd) im Gesprächskreis abwarten. Je anschaulicher die Erklärung, desto klarer für das Verständnis.

Erklären mit Worten

- Benennen Sie das Spiel (z.B. **Sanitäterfangen**).
- Beziehen Sie die Kinder bei der Erklärung mit ein.
  Wählen Sie gleich die Fänger aus, und positionieren Sie sie:
  „Ihr seid die **Fänger** und versucht, die anderen durch
  Berührung abzuschlagen."
- Erklären Sie die **Konsequenz**:
  „Wer abgeschlagen ist, legt sich auf den Boden."
- Legen Sie die **Raumsituation** fest:
  „Das Handballtor ist das Krankenhaus."
- Verteilen Sie die weiteren **Rollen** und **Aufgaben**:
  „Ihr 4 seid die Sanitäter und transportiert die ‚Verletzten'
  ins Krankenhaus."
- Erklären Sie das **Ziel**:
  „Wer im Krankenhaus angekommen ist, ist wieder geheilt und
  spielt wieder mit."
- Legen Sie die **zeitliche** und **räumliche Dimension** fest:
  „Wir spielen 5 Minuten, dann wechseln wir die Rollen;
  die gelben Linien des Volleyballfeldes begrenzen das Spielfeld."
- Lassen Sie ein Kind die **Spielregeln wiederholen**.
- „Gibt es noch Fragen?"

Erklären mit Veranschaulichungen
(Visualisierung)

Komplexe Spiele sollten Sie immer visualisieren.
Dabei haben Sie 2 Möglichkeiten:

1. Der Geräteaufbau wird auf
   einem Poster skizziert.
2. Das Spiel wird erklärt,
   wenn alles aufgebaut ist.

Neben dem Geräteaufbau mit einem Poster
könnten Sie auch mit einer Mini-Turnhalle
arbeiten. Der Aufbau wird dann vor den
Augen der Kinder mit Hilfe der kleinen Geräte
entwickelt. Eine solche Mini-Turnhalle können
Sie mit Alltagsmaterialien auch selbst herstellen.
Eine kurze Anleitung zu den einzelnen Geräten finden Sie unter:
www.uni-bielefeld.de/sportunterricht/tipps/pdf/miniturnhalle.pdf

Mannschaften bilden ohne Streit

Haben Sie je selbst erlebt, bei der Mannschaftsbildung der Letzte zu sein?
Dann kennen Sie dieses Gefühl des „Nicht-gewollt-Seins". Vermeiden Sie also
das Auswählen durch die Schüler, denn es ist die schlechteste Lösung unter allen
Möglichkeiten, und außerdem kostet diese Form der Mannschaftsbildung viel
zu viel Zeit. In Ihrem Sportunterricht sollte stattdessen jeder gewollt sein.

Ich favorisiere daher 2 Varianten:

1. Zu Beginn des Schuljahres bilden die Schüler **feste, kleine Gruppen**
   von 4–6 Schülern. Bis zur nächsten Stunde gibt sich jedes Team einen
   Gruppennamen. Diesen Gruppennamen und die dazugehörigen Kindernamen

schreiben die Schüler auf einen Zettel, den sie Ihnen zu Stundenbeginn der nächsten Einheit abgeben. Auf diese Weise haben Sie die Gruppeneinteilung schriftlich und erleichtern so Ihre Planung.

Ich selbst benutze diese feste Gruppeneinteilung auch in anderen Fächern, wenn Aufgaben in Gruppen gelöst werden sollen.

Für die Schüler bedeutet dies Identifikation, Integration und Sicherheit.

Die Konstellation fester Gruppen bedeutet für Sie Organisationshilfe

- beim Geräteaufbau,
- bei der Mannschaftsbildung,
- bei der Organisation von Stationentraining.

Müssen größere Teams gebildet werden, so können Sie die Gruppen nach Belieben und didaktischer Intention zusammenführen.

2. Würfeln Sie Mannschaften nach dem **Zufallsprinzip** zusammen:

- alle Kinder, die im Januar / Februar usw. geboren sind,
- alle Kinder mit rotem / blauen / weißen T-Shirt, langer Sporthose / kurzer Sporthose usw.
- Sie wollen ein Team mit 7 Kindern? Werfen Sie 7 Bälle in den Raum ...

Jetzt kann's losgehen! Im Folgenden finden Sie **Ideen für einen bewegten Stundenbeginn**.

Mein Roboter und ich

Vorbereitung:
✪ Die Kinder finden sich paarweise zusammen.
✪ Musikanlage

Ablauf:
Ein Kind ist der Steuermann, und ein Kind ist der Roboter. Der Roboter ist „dumm" und kann nur geradeaus laufen. Der Steuermann gibt die Laufrichtung durch sanftes Tippen auf die Schulter vor.

   Rechte Schulter: drehen nach rechts
   Linke Schulter: drehen nach links
   Tippen auf beide Schultern: geradeaus

Die Kinder bewegen sich durch den Raum, solange die Musik läuft.
Vorsicht: Jeder Zusammenstoß mit anderen muss verhindert werden!

Variante:
Ein Steuermann betreut 2–3 Roboter.

Habicht und Henne

Vorbereitung:
✪ Die Kinder bilden eine Schlange, indem sie hintereinander stehen und sich an der Taille des Vordermannes festhalten. Das vorderste Kind ist die Henne. Alle anderen sind die Küken.
✪ Ein Kind ist der Habicht. Es steht der Henne gegenüber.

Ablauf:
Der Habicht versucht, das letzte Küken in der Reihe zu fangen. Dabei darf die Reihe nicht auseinanderbrechen. Aufgabe der Henne ist es, durch seitliches Bewegen und Ausweichen ihre Küken zu schützen.
Wurde ein Küken gefangen (angetippt), so wird es zum Habicht. Der Habicht übernimmt die Rolle der Henne.

Ball rette mich!

Vorbereitung:

- Bei ca. 20 Kindern sind 10 Bälle im Spiel.
- Ein Kind ohne Ball ist der Fänger.

Ablauf:

Die Kinder werfen sich die Bälle zu. Sie dürfen den Ball auch in der Fortbewegung dribbeln. Der Fänger darf nur Kinder fangen, die keinen Ball haben.
Gelingt ihm dies, wird das angetippte Kind zum Fänger. Die anderen können dies durch geschicktes Zuspiel ihres Balles verhindern.

Mitternacht

Vorbereitung:

Ein Kind ist der „Geist" und steht an der Stirnseite der Halle.
Die anderen Kinder stehen ihm an der anderen Seite gegenüber.
Vor ihnen ist eine etwa 3 m breite Schutzzone mit Pylonen markiert.

Ablauf:

Die Kinder bewegen sich nun mit sehr kleinen Schritten auf den Geist zu und fragen ständig: „Geist, wie spät ist es?" Der Geist antwortet mit beliebigen Uhrzeiten. Ruft er „Mitternacht", so versuchen alle Kinder, sich rasch in die Schutzzone zurückzuziehen. Wer gefangen wurde, hilft dem „Geist".

Lesestunde

Vorbereitung:

⊗ Jedes Kind erhält einen Bogen aus einer Tageszeitung. Damit werden
nun verschiedene Bewegungsaufgaben ausgeführt.

⊗ Noch fröhlicher wird es, wenn Bewegungsmusik eingeschalten, wird.

Ablauf:

1. Die Kinder stehen aufrecht und breiten ihre Zeitung vor dem Bauch aus.
Nun laufen sie los durch den Raum, ohne das Papier festzuhalten.
Der Gegenwind bewirkt, dass die Zeitung am Bauch „kleben" bleibt.

2. Alle Zeitungsblätter liegen einfach gefaltet auf dem Boden.
Es sind Hindernisse, die umlaufen werden müssen.

3. **Paarlauf:** Die Zeitungsblätter sind ausgebreitet. Jeweils 2 Kinder
tragen sie durch die Halle, ohne mit anderen zusammenzustoßen.

4. **Balanceakt:** Die Blätter sind vierfach gefaltet und werden auf
dem Kopf transportiert. Wer schafft es, zu laufen, ohne dass
die Blätter herunterfallen?

5. **Fallschirm:** Die Kinder werfen die ausgebreitete Zeitung hoch
und versuchen, sie zu fangen.

6. **Reinigungsdienst:** Die Kinder stehen mit einem Fuß auf der Zeitung
und bewegen sich wie mit einem Roller vorwärts, dabei sind sie die
„Straßenkehrer".

7. Die Blätter werden zu Bällen zerknüllt: Es wird „Werfen und Fangen" gespielt.

8. **Fang mich:** Die Kinder bewegen sich zu Musik durch den Raum, werfen
und fangen die Zeitungsbälle. Stoppt die Musik, werfen sie ihren Ball hoch
und fangen rasch einen beliebigen anderen.

9. **In die Tüte:** Einige Kinder erhalten Pylone ausgehändigt.
Sie stellen sich an einer Linie im Raum auf. Nun versuchen die anderen,
ihre Papierbälle aus einem Abstand von etwa 3–5 m in die Pylone zu werfen.

Aber ich kann
nicht Sport   doch gar
unterrichten!   39

Brückenfangen

Vorbereitung:
Ein Kind ist der Fänger.

Ablauf:
Der Fänger versucht, ein Kind zu fangen. Gelingt es ihm, wird das Kind zum Fänger. Das Kind kann sich retten, wenn es eine Brücke baut (beide Hände und Füße auf dem Boden). Zum „Erlösen" muss ein weiteres Kind unter der Brücke durchkriechen.

Auf der Straße

Vorbereitung:
❂ Kleine Hindernisse, wie z.B. Pylone, Stangen, große und kleine Kästen, werden aufgestellt. Sie sind die Häuserblocks, die umfahren werden müssen.
❂ Die Kinder organisieren sich in Autos (4 Kinder), als Fahrradfahrer oder Fußgänger (2 Kinder).
❂ Musikanlage

Ablauf:
Die Kinder schlüpfen in die Rolle der Verkehrsteilnehmer und bewegen sich zur Musik durch „ihre Stadt". Auf ein akustisches Signal hin (Musik ausschalten) parken alle Verkehrsteilnehmer an einem der Hindernisse.

Varianten:
🐌 Es ist eisglatt, wir rutschen!
🐌 Wir haben es sehr eilig!
🐌 Stau! Langsam fahren!
🐌 Rückwärtsgang einschalten!
🐌 Überholverbot!
🐌 Es regnet: Scheibenwischer einschalten!

Flughafen

Vorbereitung:

- ❂ 4 Bänke werden sternförmig aufgestellt.
- ❂ Musik bei Bedarf

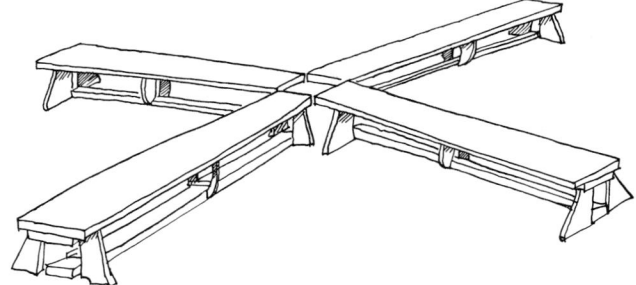

Ablauf:

Die Kinder fliegen wie Flugzeuge durch die Halle. Auf Ihr optisches Signal hin – das können Zahlenkärtchen oder die Finger sein – landen die Flugzeuge auf den Bänken. Auf diese Weise bilden Sie rasch Zufallsmannschaften.

Nun überwinden die Kinder nach dem Startzeichen im Uhrzeigersinn die Bänke in verschiedenen Formen: Überlaufen, beidbeinig springen, Hockwende …
Welche Gruppe sitzt zuerst wieder?

Klein – groß – Hände los!

Vorbereitung:

- ❂ Die Kinder bilden einen großen Kreis mit Handfassung.
- ❂ In der Mitte befindet sich der Fänger.

Ablauf:

Die Kinder rufen gemeinsam:

„Klein" – Hockstellung

„Groß" – Ballenstand

„Hände los!"

„Bück dich!" – Fänger in die Hocke

„Fang mich!" – Fänger versucht, ein Kind zu fangen.

Alle laufen so rasch wie möglich hinter ein Freimal.

Kutschenfangen

Vorbereitung:

❂ Die Kinder gehen paarweise zusammen.

❂ Jede Gruppe benötigt ein Seil.

Ablauf:

Jede Gruppe stellt eine Kutsche dar: 1 Kutscher und 1 Pferdchen.

2 Kutschen dürfen Fänger sein. Wird ein Kutscher an der Schulter angetippt, so wird seine Kutsche zum Fänger.

Variante:

Die beiden Fänger haben kein Pferd. Durch Antippen einer kompletten Kutsche erwerben sie ihr Pferd. Der frei gewordene Kutscher wird zum Fänger.

Spieglein, Spieglein ...

Vorbereitung:

Musikanlage

Ablauf:

Die Kinder bewegen sich zur Musik frei im Raum. Wird die Musik ausgeschaltet, suchen sich die Kinder einen Partner. Ein Kind ist der Spiegel, das andere Kind ist der „Vorturner". Das Spiegelkind ahmt alles nach, was der Vorturner vormacht. Dabei sind tänzerische Sprünge und Hüpfer genauso möglich wie gymnastische Elemente.

Beute machen

Vorbereitung:

✪ Alle Kinder stellen sich hinter der Grundlinie
in der Halle auf. Sie sind die Piraten.
✪ Am anderen Ende der Halle ist ein Feld von
etwa 5 m Breite abgesteckt. Hier werden kleine
Gummiringe oder bunte Mannschaftsbänder ausgelegt.
Im Bereich zwischen Grundlinie und Beutefeld befinden sich
etwa 4 Fänger (die Wasserpolizei).

Ablauf:

Nun versuchen die Kinder, auf die andere Seite zu gelangen, um ein Band zu
holen (Beute zu machen). Es darf nur jeweils ein Band hinter die Grundlinie zurück-
gebracht werden. Die Bänder werden in einem umgedrehten Kasten gesammelt.
Wer unterwegs abgefangen wurde, bringt sein Band zurück und kehrt zur
Ausgangsposition zurück.

Fang das Schwanzende!

Vorbereitung:

Die Kinder stehen in einer Reihe und halten den Vordermann an der Hüfte fest.

Ablauf:

Der Anführer der Reihe gibt die Bewegungen durch die Halle vor:
Gehen, Laufen, Hüpfen, auf Zehenspitzen, geduckt usw.
Auf ein akustisches Zeichen hin versucht der Anführer, den Schwanz
der Reihe zu fangen. Gelingt es ihm, wird das Schwanzende zum Fänger.

Aber ich kann
nicht Sport   doch gar
unterrichten!   **43**

Das Uhu-Spiel

Vorbereitung:
Musikanlage

Ablauf:
Die Kinder laufen zu Musik durch den Raum. Schalten Sie die Musik aus, und rufen Sie dann ein Körperteil in den Raum (oder zeigen Sie eine entsprechende Bildkarte). Nun „kleben" jeweils 2 Kinder an diesem Körperteil zusammen und bewegen sich gemeinsam zur Musik durch den Raum. Bei der nächsten Musikpause wechseln die Kinder den Partner.

Körperwürfelei

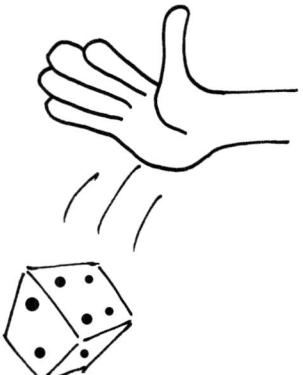

Vorbereitung:
- ein großer Schaumstoffwürfel
- Musikanlage

Ablauf:
Die Kinder bewegen sich zur Musik durch den Raum.
Wird die Musik ausgeschaltet, würfeln Sie.
Entsprechend der Augenzahl bilden die Kinder kleine Gruppen.

Varianten:
- Entsprechend der Augenzahl berühren die Kinder den Boden mit verschiedenen Körperteilen, z.B. 4 (2 Hände, 1 Fuß, die Nase).
- Die Kinder lösen diese Aufgabe zu zweit oder zu dritt.
- Die Kinder nehmen entsprechend der Augenzahl eine bestimmte Körperhaltung ein, z.B.:

1 – Wir sitzen.	4 – Wir liegen auf dem Rücken.
2 – Wir stehen auf einem Bein.	5 – Wir bauen eine Brücke.
3 – Wir liegen auf dem Bauch.	6 – Wir bilden eine kleine Kugel.

Viele, viele Luftballons

Vorbereitung:

✪ Farbige, aufgeblasene Luftballons – einen für jedes Kind.
   Entscheiden Sie sich am besten für 4–5 Farben (als organisatorische Hilfe).
✪ Musikanlage

Ablauf:

Es bieten sich eine Vielzahl von Bewegungsaufgaben an:

🎐 Die Kinder laufen mit dem Ballon durch den Raum,
   er darf jedoch nicht zu Boden fallen.

🎐 Gleiche Aufgabenstellung, jedoch in 2er- oder 3er-Gruppen.

🎐 Berühren des Ballons nur mit bestimmten Körperteilen,
   z.B. mit der rechten/linken Hand, Daumen, Zeigefinger, Handrücken,
   Ellenbogen, Schulter, Nasenspitze, Knie, Stirn usw.

🎐 Fangen des schwebenden Ballons in verschiedenen Körperstellungen,
   z.B. im Sitzen, Hüpfen, Hüpfen auf einem Bein, Balancieren auf
   Zehenspitzen usw.

🎐 Auf ein akustisches Zeichen (Ausschalten der Bewegungsmusik)
   wird der Ballon in die Luft geprellt und muss von jemand anderem
   aufgefangen werden.

🎐 Ballon wird mit einem Partner transportiert; dabei berührt er nur
   ein bestimmtes Körperteil, z.B. die Stirn, den Bauch, die Schulter usw.

Kreisfangen

Vorbereitung:

Die Kinder bilden einen Kreis und fassen sich an den Händen.

Ein Kind steht außerhalb des Kreises. Es ist der Fänger.

Nun entscheidet der Spielleiter, wer gefangen / abgeschlagen werden muss.

Kriterien dafür können sein:

- Das Kind, das dem Fänger am entferntesten steht.
- Ein Kind im roten / blauen / gelben T-Shirt.
- Wer im Januar / Februar / März usw. Geburtstag hat.
- Das Kind, das vom Spielführer ein Band umgelegt bekommt.

Ablauf:

Der bewegliche Kreis versucht, das Abschlagen zu verhindern.

Dabei darf die Kreiskette nicht reißen. Gelingt es dem Fänger, das Kind abzuschlagen, wechselt der Fänger.

Mein Anhänger fehlt

Vorbereitung:

- 4 Kinder bilden jeweils eine Kette im Raum und nehmen in einem beliebig großen Feld, an der Taille gefasst, Aufstellung.
- Zu jedem 4er-Gespann gehört ein „freier Anhänger".

Ablauf:

Der freie Anhänger versucht, sich an seine Gruppe anzuhängen.

Durch Drehen und Wenden versucht die Gruppe, das zu verhindern.

Einfache Fangspiele

Vorbereitung:

Ein Kind ist der Fänger.

Ablauf:

Ein Kind versucht, ein anderes zu fangen. Dieses kann sich retten,

- indem es von einem anderen Huckepack genommen wird.
- indem ein anderes Kind zwischen ihm und dem Fänger hindurchläuft und damit den Weg abschneidet.
- indem es eine festgelegte Position einnimmt, z.B. Rückenlage und Beine hoch, Hockstellung usw.
- indem es zu einem vorher festgelegten Oberbegriff ein Wort ruft, z.B. Blumen, Tiere usw. (Interessant ist dies auch, wenn man es auf Englisch macht, so werden gleichsam die neuen Wörter des Englischunterrichts spielerisch geübt.)

Bänder sammeln

Vorbereitung:

ein Parteiband für jedes Kind

Ablauf:

Alle Kinder erhalten ein Parteiband, das sie hinten mit einem Ende in den Hosenbund klemmen. Wer sammelt im Spiel „Jeder gegen jeden"
die meisten Parteibänder?

Aber ich kann
nicht Sport
doch gar
unterrichten!

Kapitel 3

Richtig werfen – sicher fangen

Richtig werfen – sicher fangen

Stets beliebt bei allen Kindern sind Ballspiele. In unserem Sportunterricht kommen vor allem das Handballspiel, das Basketballspiel, das Fußballspiel und das Volleyballspiel vor. In der Grundschule sollen die Techniken und Kenntnisse zu diesen Spielen vorbereitet werden, wobei Volleyball auf Grund seiner schwierigen Technik eher zu vernachlässigen ist. Uns interessiert also zunächst alles, was mit sicherem Werfen und Fangen zu tun hat – ja – und natürlich darf auch das Fußballspielen nicht zu kurz kommen.

Mit den vorgestellten Ballspiel- und Übungsformen auf S. 51–60 möchte ich Ihnen helfen, Voraussetzungen zu schaffen, damit die Kinder Spielfähigkeit entwickeln. Dazu benötigen wir ein Repertoire an kleinen Übungsspielen, die uns helfen, die technischen und taktischen Fertigkeiten der Kinder zu erarbeiten und zu festigen. Richtig zu spielen, ist gar nicht so einfach: Zum einen bin ich als Spieler immer ein Teil eines Ganzen – einer Mannschaft. Alles, was ich tue oder nicht tue, hat Auswirkungen auf das Spielergebnis für das ganze Team.

Ungünstig gewählte Spiele, also Spiele, die im Anspruch zu hoch sind, oder ein schlecht eingeführtes Regelwerk können zu sehr unangenehmen gruppendynamischen Prozessen führen. Die richtige Auswahl teamorientierter kleiner Spiele dagegen hilft einerseits beim Erlernen ballspieltechnischer Fertigkeiten, andererseits ist es auch ein gutes Mittel, gruppendynamische Prozesse und das soziale Lernen in einer Schülergruppe positiv zu beeinflussen.

So sollten Sie methodisch vorgehen:

1. Wählen Sie ansprechende Übungsformen, um die Grob- und Feinkoordination zu schulen, und verzichten Sie dabei auf Wettkampfcharakter.

2. Wählen Sie Spiele mit erleichterten Bedingungen aus:

✑ weniger Hauptregeln	✑ verkürzte Spielzeiten
✑ reduzierte Spielerzahl	✑ kleineres Spielfeld
✑ niedrigere Körbe	✑ leichtere Bälle

Jetzt kann's losgehen! Im Folgenden finden Sie Spiele, die das **Werfen** und **Fangen** üben.

Räumt die Felder frei

Vorbereitung:

- ✪ Das Spielfeld wird durch Bänke oder ein niedrig hängendes Netz getrennt.
- ✪ Bilden Sie 2 Mannschaften. Jede Mannschaft bekommt bei Spielbeginn die gleiche Anzahl an Bällen.
- ✪ Legen Sie die Höchstspieldauer auf ca. 8 Minuten fest.

Ablauf:

Nach Ihrem Startzeichen versuchen die Kinder, ihren Ball so schnell wie möglich in das gegnerische Feld zu befördern. Das Spiel ist zu Ende, wenn alle Bälle in einer Hälfte sind oder die Spielzeit abgelaufen ist. In diesem Fall gewinnt die Mannschaft, in deren Feld weniger Bälle liegen. **Achtung:** Manchmal mogeln die Kinder auch nach dem Abpfiff noch ihre Bälle ins andere Feld. Das führt meist zu empörten Zwischenrufen der anderen Mannschaft. Weisen Sie die Kinder bereits zu Spielbeginn darauf hin, wie wichtig es ist, diese Regel einzuhalten!

Ball in den Korb

Vorbereitung:

- ✪ Bilden Sie Gruppen mit 4–6 Kindern. Jede Gruppe steht unter einem Korbständer.
- ✪ Neben dem Korb befindet sich ein umgedrehter Kasten, gefüllt mit Bällen.

Ablauf:

Auf Ihr Startzeichen hin versuchen die Kinder, in einer vorgegebenen Spielzeit (etwa 5 Minuten), so viele Bälle wie möglich im Korb zu platzieren: *„Schafft ihr es, 10-mal in den Korb zu treffen?"*

Varianten:

- ✪ Erhöhen Sie die Anzahl der vorgegebenen Trefferquote.
- ✪ Vergrößern Sie den Wurfabstand.
- ✪ Stellen Sie bei heterogenen Gruppen verschiedene Abwurfzonen zur Verfügung. Die Kinder wählen selbst, von wo sie abwerfen wollen.

Klau den Ball

Vorbereitung:

Bilden Sie 4 gleich große Mannschaften. Jede Mannschaft erhält ein Mannschaftsband. Sie benötigen also 4 verschiedene Farben. Ein Team platziert sich außerhalb des Spielfeldes, daneben liegen 1–2 leere Kastenteile.

Ablauf:

Die 3 Mannschaften werfen sich untereinander 4–8 Bälle zu.

Die 4. Mannschaft läuft auf Ihr Startzeichen hin auf das Spielfeld und versucht, möglichst viele Bälle aus der Luft abzufangen (Körperkontakt ist nicht erlaubt!) und sie in die Kastenteile zu bringen.

Varianten:

- ✪ Sie geben die Spielzeit vor und zählen anschließend die gesammelten Bälle.
- ✪ Sie stoppen die Zeit und stellen fest, welches Team die Bälle am schnellsten eingesammelt hat.

Räum die Kästen leer

Vorbereitung:

An beiden Grundlinien des Spielfeldes werden leere Kastenteile aufgestellt. An der Mittellinie stehen ebenfalls Kastenteile, die mit mindestens 20 Bällen gefüllt sind. Bilden Sie 2 Mannschaften, die sich jeweils hinter einer Grundlinie platzieren.

Ablauf:

Auf Ihr Signal hin laufen die Kinder zur Mittellinie, wo sie möglichst viele Bälle holen und, sie sich zuwerfend, zu den leeren Kastenteilen bringen.

Welche Mannschaft holt die meisten Bälle?

Autodrom

Vorbereitung:

In der Hallenmitte wird ein kleineres Spielfeld abgegrenzt, z.B. die Hälfte des Volleyballfeldes. Jedes Kind erhält einen Ball.

Ablauf:

Alle Kinder prellen ihren Ball innerhalb des Spielfeldes. Niemand darf dabei von einem anderen Kind berührt werden.

Variante:

Auf Ihr akustisches Signal hin darf der Ball eines anderen Kindes ins Aus gespielt werden.

Verfolgungsjagd

Vorbereitung:

Alle Kinder stehen in einem Kreis. Jedes Kind hat einen Ball.
Nun wird auf 4 abgezählt.

Ablauf:

Der Spielleiter ruft eine Zahl zwischen 1 und 4, z.B. 2.
Nun laufen alle Kinder mit der Nummer 2 prellend im Kreis und versuchen dabei, den Vordermann zu überholen.
Wer überholt wurde, geht in den Innenkreis und muss die ganze Zeit den Ball weiterprellen, solange das Spiel läuft.

Fuchsjagd

Vorbereitung:

Als Spielfeld dient die ganze Halle. Bei 20 Kindern werden etwa 8 Jäger gebraucht. Jeder Jäger erhält einen Softball.

Ablauf:

Die Jäger dürfen den Ball nicht tragen, sondern müssen prellen (dribbeln). Sie versuchen, die freien Füchse abzutreffen. Wer getroffen wurde, wird zum Jäger.

Balljagd

Vorbereitung:

Die Kinder stehen im Kreis. Durch Abzählen werden 2 Mannschaften gebildet. Ein Kind von Mannschaft 1 erhält einen Ball, und das Kind, das ihm im Kreis von Mannschaft 2 gegenübersteht, erhält ebenfalls einen Ball.

Ablauf:

Auf Ihr akustisches Zeichen hin werden die Bälle innerhalb der Mannschaften weitergespielt. Mannschaft 1 spielt den Ball nach rechts.
Mannschaft 2 spielt den Ball nach links. Beim Zuspiel darf kein Gegner berührt oder behindert und kein Kind der eigenen Mannschaft übergangen werden. Welche Mannschaft bringt den Ball zuerst zur Ausgangsposition zurück?

Wanderball

Vorbereitung:

Es werden 2 Mannschaften gebildet, die sich in Gassenaufstellung,
von der Grundlinie beginnend, positionieren. Jeweils das erste Kind
der Reihe erhält den Ball.

Ablauf:

Auf Ihr akustisches Startsignal werfen die Kinder den Ball im Zickzack
durch die Reihen. Wer bringt den Ball am schnellsten ans andere Ende?

Variation:

Die eine Mannschaft umläuft, wie beim Staffellauf, ein Mal (einen Pylon),
während die andere Mannschaft den Ball wandern lässt. Wie viele Läufer
schaffen den Weg, solange der Wanderball ans andere Ende gespielt wird?

Chefball

Vorbereitung:

Es werden 2 Mannschaften gebildet und mit farbigen Bändern gekennzeichnet.
Jede Mannschaft ernennt einen Chef: Der Chef erhält als Erkennungszeichen
2 Mannschaftsbänder und trägt sie über kreuz.

Ablauf:

Jede Mannschaft ist nun bemüht, durch gutes Zuspiel, den Chef anzuspielen.
Die andere Mannschaft versucht, dies zu verhindern.
Welcher Chef hält als Erster den Ball in den Händen?

Fangball

Vorbereitung:

Teilen Sie die Kinder in Kleingruppen mit 6–8 Kindern auf.

Ein Kind wird zum Zuwerfer und steht an der Grundlinie.

Die anderen stehen in einer Reihe nebeneinander ihm gegenüber.

Ablauf:

Der Zuwerfer spielt den Ball seinen Mitspielern der Reihe nach zu.

Hat der Letzte der Reihe den Ball gefangen, saust er auf die Position

des Zuwerfers. Dieser nimmt die Position von Fänger 1 ein.

Welche Gruppe gelangt zuerst zur Ausgangsposition?

Ritterball

Vorbereitung:

Eine Kindergruppe von etwa 10 Mitspielern steht im Kreis.

Ein Kind (der Ritter) befindet sich in der Kreismitte.

Ablauf:

Die Kinder im Kreis versuchen,
den Ritter mit einem Softball
abzutreffen, dieser darf die Bälle
mit Hilfe eines Medizinballes
(seinem Schutzschild) abwehren.

Drachenwurf

Vorbereitung:

Es werden 2 Mannschaften gebildet. Eine Mannschaft bildet einen großen Kreis.
Die andere Mannschaft steht im Kreis und bildet eine Reihe (den Drachen).
Die Kinder halten ihren Vordermann an der Hüfte fest. Die Kreismannschaft
ist in Ballbesitz.

Ablauf:

Die Kreismannschaft (Drachenjäger) versucht durch geschicktes Zuwerfen,
das „Schwanzende", also das letzte Kind der Reihe, abzutreffen.
Gelingt es, darf die andere Mannschaft Drache sein.

Variante:

Nur 5 Kinder bilden einen Drachen. Die Jäger versuchen, ein beliebiges Kind
in der Reihe zu treffen. Der Drache wird aber von 2 Kindern „bewacht",
die den Ball abzuwehren versuchen.

Netzball

Vorbereitung:

Ein Volleyballnetz wird gespannt. Jedes Spielfeld wird wiederum
in 2 Felder aufgeteilt. Team A spielt also rechts von der Mittellinie.
Team B steht links von der Mittellinie.

Ablauf:

Jedes Team verteilt sich gleichmäßig rechts
und links vom Netz. Bei insgesamt 20 Kindern
stehen also in jeder Spielzone 5 Kinder.
Aufgabe ist es, sich innerhalb der Mannschaft
den Ball so über das Netz zuzuspielen, dass er
nicht auf den Boden fällt. Welches Team hält
den Ball länger im Spiel?

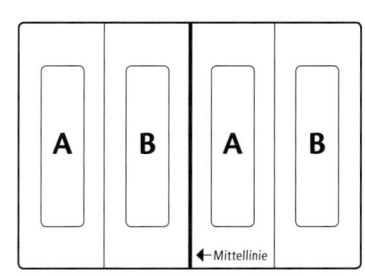

Vier-Felder-Ball

Vorbereitung:

Es werden 2 Mannschaften gebildet.
Die Mannschaften A und B teilen sich
so auf 4 Felder auf, wie es
die Abbildung zeigt:

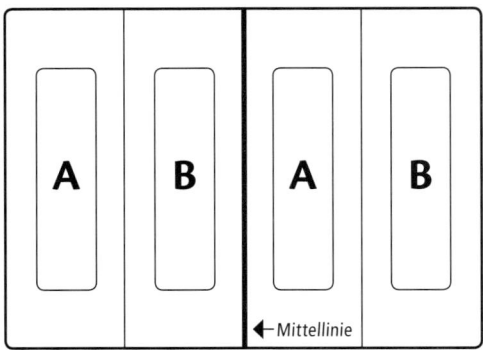

←Mittellinie

Ablauf:

Werfen Sie den Ball an der Mittellinie ein. Jede Mannschaft versucht nun,
durch geschicktes Zuspiel, den Ball in das übernächste Feld zu spielen.
Für jedes Überwerfen der gegnerischen Mannschaft gibt es einen Punkt.

Wandball

Vorbereitung:

Vor der Hallenwand werden im Abstand von ca. 2–3 m drei Linien gezogen
oder Pylone in verschiedenen Farben aufgestellt. Teilen Sie die Kinder in
Gruppen mit jeweils 5 Spielern ein. Die Gruppen stellen sich in
Riegen hinter der letzten Linie auf.

Ablauf:

Die Kinder versuchen, den Ball so fest wie möglich gegen die
Wand zu werfen. Kommt er hinter der ersten Markierungslinie
wieder auf, gibt es einen Punkt, kommt er hinter der zweiten
Markierungslinie auf, gibt es 2 Punkte usw.
Wer sammelt die meisten Punkte?

Völkerball verkehrt

Dieses Spiel ist im herkömmlichen Sinn sicherlich jedem bekannt – bekannt ist
einem auch, dass sich die Erfolge beim Spiel auf die besonders wendigen und
flinken Kinder beschränken. Die Spielschwächeren gelangen gern in eine passive
Rolle und können ihre Wurfgeschicklichkeit erst recht nicht verbessern.
Dieser Gedanke liegt dem Spiel „Völkerball verkehrt" zu Grunde.

Vorbereitung:

Es werden 2 Mannschaften gebildet. Die Mittellinie trennt das Spielfeld.
Nun stellen sich die Kinder von Mannschaft A auf den 3 Grundlinien
von Feld B auf. Die Kinder von Mannschaft B stellen sich auf den 3 Grundlinien
von Feld A auf. Ins Feld A begeben sich 3 freiwillige Kinder von Mannschaft A.

Ablauf:

Aufgabe der „Grenzlinienkinder A" ist es, ein Kind im Feld B abzutreffen, und
umgekehrt. Gelingt dies, so darf es ins Feld A gehen (wo es nun auch abgetroffen
werden kann, aber diesen Feldplatz nicht mehr verlassen muss).
Ziel ist es, durch geschicktes Zuspiel, auch durch die eigenen Feldspieler, so
positioniert zu werden, dass man ein Kind im gegnerischen Feld abtreffen kann
und somit ins eigene Feld darf.
Welche Mannschaft schafft es zuerst, alle Grenzlinienspieler ins Feld zu holen?

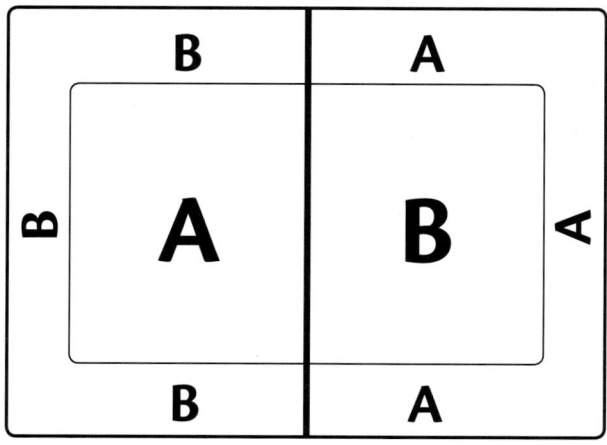

Treffball

Vorbereitung:

In der Mitte des Spielfeldes stehen 3 kleine Kästen. Auf jedem Kasten ruht ein Medizinball. Die Kinder stehen an den Grundlinien des Spielfeldes. Jedes Kind erhält einen Ball.

Ablauf:

Die Kinder versuchen, in einer vorgegeben Zeit, die 3 Bälle von den Kästen zu werfen. Gelingt es ihnen, so erhalten sie einen Punkt.
Gelingt es ihnen nicht, so erhalten Sie, die Lehrkraft, diesen Punkt.
Wer gewinnt: Der Lehrer oder die Klasse?

Rette den Spion

Vorbereitung:

Das Spielfeld wird zweigeteilt. In jedem Feld befindet sich eine Mannschaft mit etwa 6 Spielern. Die Mannschaften tragen farblich unterschiedliche Mannschafts-bänder. Ein 7. Kind schleust sich als „Spion" in das gegnerische Feld.

Ablauf:

Bringen Sie nun einen Ball ins Spiel. Jede Gruppe versucht nun, sich den Ball so zuzuspielen, dass sie den „Spion" im anderen Feld gut anspielen können. Gelingt dies, erhält die Mannschaft einen Punkt.

Variante:

Gelingt dies, so wird der Spion ausgewechselt – so lange, bis alle Kinder einmal Spion waren.

Kapitel 4

Bewegungserfahrungen sammeln

Bewegungserfahrungen sammeln

Gehen, Laufen, Hüpfen, Springen, Rollen, Drehen allein, mit einem Partner oder in der Gruppe frei im Raum, im Spiel, zu verschiedenen Musikrhythmen, im Tanz – es gibt so viele Möglichkeiten, Körpererfahrung zu sammeln und den Körper in unterschiedlichen Bewegungen wahrzunehmen.

Vorstellen möchte ich hier explizit den Umgang mit nur einem standardisierten Handgerät: **dem Seil**. Der Umgang mit dem Ball wurde ja bereits in Kapitel 3 ausführlich behandelt. Reifen, Keulen oder Bänder wage ich zu vernachlässigen. Für das Seil entschied ich mich, weil es so ungemein vielseitig und flexibel einsetzbar ist und weil Mädchen und Jungen gleichermaßen davon begeistert sein können.

Natürlich kommt es vor, dass ein Junge sagt: *„Seilspringen ist Mädchenkram"* – Ihm halte ich stets entgegen, dass zum Beispiel ein Boxer sehr häufig Seile benutzt, um Gewandtheit, Schnelligkeit, Ausdauer und Geschicklichkeit zu trainieren. Dieses Beispiel beeindruckt meist.

Des Weiteren hat sich das Seilspringen inzwischen zur Trendsportart *„rope skipping"* gemausert. Hier werden akrobatische Teile mit dem Hüpfen und Springen verknüpft und zu einer Choreografie mit flotten Rhythmen zusammengestellt. Für das *„rope skipping"* benutzt man jedoch keine klassischen Hüpfseile, sondern mit kleinen Kunststoffteilchen ummantelte Seile. Diese Seile haben sehr gute Flugeigenschaften und lassen sich besser schwingen und drehen als das klassische Seil.

Wer jedoch ein guter *„rope skipper"* werden will, sollte zunächst die Grundlagen des **Seilspringens** erlernen.

Bewegungserfahrung mit dem Seil

Hinführung

1. Verteilen Sie an jedes Kind ein Seil. Haben Sie farbige Seile zur Verfügung, sorgen Sie dafür, dass die Anzahl jeder Farbe gleich ist. Auf diese Weise fungieren die Seile gleichzeitig als Gruppeneinteilungshilfe!
   - Meist liegen die Seile verknotet zur Aufbewahrung in einer Kiste im Schrank. Dazu nimmt man das Seil vierfach und schlingt es zu einem einfachen Knoten.
   - Achten Sie darauf, dass die Kinder am Ende der Stunde die Seile wieder, genauso verknotet, aufräumen.

2. Die Kinder legen die Seile in der Halle auf dem Boden aus:
   - als Schlange,
   - als Kreis bzw. Eisscholle,
   - als „Schneckennudel",
   - in Form eines Buchstabens,
   - in Form eines Fantasiebildes.

3. Lassen Sie die Kinder verschiedene Bewegungsformen ausprobieren:
   - die Seile umlaufen,
   - die Seile überspringen,
   - darauf balancieren,
   - mit nackten Füßen verknoten,
   - aus 2 Seilen einen Wassergraben bauen.

4. Nur die blauen Seile werden von jeweils 2 Kindern kniehoch gehalten.
   - „Könnt ihr die Seile überspringen?"
   - „Könnt ihr wie ein Pferdchen über die Seile springen?"
   - „Könnt ihr das auch zu zweit?"

5. Nur die roten Seile werden gehalten.
   Die beiden Kinder lassen es hin- und herpendeln:
   - „Könnt ihr darüberspringen?"
   - „Könnt ihr rückwärts darüberspringen?"
   - „Könnt ihr mit einem Bein darüberspringen?"

Pendeln als Einzelaufgabe:

⚓ Vor- und Zurückpendeln vor dem Körper,

⚓ Vor- und Zurückpendeln neben dem Körper,

⚓ Vor- und Zurückpendeln neben dem Körper, dabei werden beide Seilenden in einer Hand gehalten.

6. Die Kinder bilden kleine Gruppen zu dritt oder zu viert.

Jeweils 2 Kinder der Gruppe schwingen das Seil:

⚓ „Wer kann darin springen?"

⚓ „Könnt ihr zu weit darin springen?"

Tipps:

⚓ Passend zu diesen Sprungübungen gibt es eine Vielzahl von Reimen, die besonders in Großbritannien beliebt sind, so genannte *skipping rhymes*:

I like coffee, I like tea,
I want _____ (Name der Freundin/des Freundes) in with me.
(die Kinder springen zu zweit weiter und zählen dabei bis 10)

⚓ Vielleicht wollen Sie aber auch mit den Kindern die Wochentage, Monatsnamen oder eine Zahlenreihe des kleinen Einmaleins üben?

7. Die Kinder halten das Seil doppelt oder vierfach in einer Hand:

⚓ Sie schwingen im großen Kreis neben dem Körper.

⚓ Sie schwingen eine große Acht.

⚓ Sie schwingen im großen Kreis vor dem Körper.

⚓ Sie schwingen im großen Kreis über dem Kopf (Helikopter).

8. Es gibt selten eine Lerngruppe, bei der nicht mindestens ein Kind bereits Seilspringen kann. Um das herauszufinden, lassen Sie die Kinder einfach im Raum das Springen probieren.

Tipp: ⚓ Abstand halten!

Anhand der Schülerbeispiele lässt sich am besten erarbeiten, wie man effektiv, das heißt Kraft sparend und lange, Seil springt. Kinder lernen am besten beim Abschauen und Nachmachen. Wissen Sie noch, wie es geht? Probieren Sie es vorher selbst aus:

✐ Die Länge des Seils sollte etwa brusthoch sein.

✐ Die Arme sind möglichst lang gestreckt in Tiefhaltung.

✐ Das Seil wird nur aus dem Handgelenk gedreht.

✐ Die Körperhaltung ist aufrecht. (*„Nasenspitze schaut zum Fenster raus."*)

✐ Landung auf dem Fußballen. (*„Geht das ganz leise?"*)

✐ Die Knöchel / Knie berühren sich.

Folgende kleine Übungen helfen auch zum Erfolg:

✐ Das Seil pendelt vor dem Körper vor und zurück.

✐ Das Seil wird übersprungen, wenn es auf mich zukommt.

✐ Ich schwinge das Seil über den Kopf und probiere es noch einmal.

✐ Schaffe ich es 5-mal? Oder sogar 10-mal?

✐ Kann ich mit Zwischenfedern springen?

✐ Kann ich im Laufschritt springen – am Ort – durch die Halle?

Varianten:

Die Kinder probieren allein kleine Kunststückchen aus:

✐ rückwärts hüpfen

✐ über Kreuz springen

✐ Doppelschlag

Die Kinder probieren zu zweit kleine Kunststückchen aus:

✐ gemeinsam mit einem Seil springen

✐ „Erprobt eure Ideen – wer möchte, darf seine Kunststücke anschließend vorführen."

Die verschiedenen Techniken werden verknüpft:

✐ 8-mal laufen, 4-mal am Ort hüpfen, 8-mal laufen, 4-mal am Ort hüpfen

✐ pendeln, schwingen, hüpfen, springen

Lassen Sie die Kinder selbst kleine rhythmische Abfolgen zusammenstellen (zu zweit oder in kleinen Gruppen).
Bieten Sie den Kindern auch in ihren Pausen Seile an.
Sie werden sicher gern auf dem Pausenhof benutzt.

Auseinandersetzung mit dem eigenen Körper und mit Materialien

Körpererfahrung lässt sich nicht nur an standardisierten Sportgeräten sammeln. Kinder haben auch viel Freude daran, wenn Alltagsgegenstände zweckentfremdet werden. Gerade mit ihnen lassen sich auf ansprechende Weise koordinative Fähigkeiten schulen. Die 5 wesentlichen Fähigkeiten, die Koordination ausmachen, möchte ich hier kurz beschreiben:

Orientierungsfähigkeit:

Ein Kind erspürt, wo ist oben, wo ist unten, was geschieht mit mir, wenn ich mich nach rechts oder links drehe? Wie weit muss ich laufen von einer Seite der Halle zur anderen? Wie groß ist dieser Raum? Ich habe einen Gegenstand in der Hand, den ich meinem Partner zuspielen soll, wo steht mein Partner? Neben mir spielen noch andere Kinder, wie groß muss unser Abstand sein? Um die Antworten auf diese Fragen zu finden, muss ein Kind sehend, greifend-begreifend und körperlich erspürend Aufgaben lösen dürfen.

Gleichgewichtsfähigkeit:

Auch beim Balancehalten spielen die verschiedenen Wahrnehmungen eine Rolle, wobei hier zusätzlich noch die Leistung des Gleichgewichtsorganes (es befindet sich im Innenohr) zum Tragen kommt.

Reaktionsfähigkeit:

Das Kind reagiert auf akustische, optische oder taktile Reize.

Rhythmusfähigkeit:

Bei vielen Sportarten und Bewegungsformen spielt das Rhythmusgefühl eine große Rolle. Jeder von uns denkt zunächst an Tanz, Gymnastik oder Turnen, aber auch bei Ballspielen oder in der Leichtathletik müssen Bewegungen in bestimmten Rhythmen absolviert werden. Setzen Sie nun Handgeräte ein, geben diese durch ihre Eigenschaften ebenfalls bestimmt Rhythmen vor: Ein Chiffontuch fällt, fliegt, schwebt anders als ein Stück Papier.

Differenzierungsfähigkeit:

Gemeint ist hier die Fähigkeit, Bewegungsvoraussetzungen richtig einzuschätzen:
Ein Ball kommt angeflogen, den ich fangen möchte. Wie hoch fliegt er, wie stark
wurde er abgeworfen, ist es ein weicher Softball oder ein schwerer, harter
Medizinball? Entsprechend der Wahrnehmung, wird das Kind eine bestimmte
Fangtechnik wählen. Kinder jonglieren Papierbälle, dann Tücher, deren Eigen-
schaften verlangen unterschiedliche Reaktionen.

Zusammengestellt habe ich einige Beispiele, die mit wenig Aufwand ganze
Sportstunden füllen können: Ein Beispiel habe ich bereits im 2. Kapitel auf
S. 39 vorgestellt – die Zeitung. Interessante Bewegungsaufgaben bieten auch:

- Chiffontücher
- Watte
- Bierdeckel
- Handtücher
- Rettungsfolien
- Luftballons
- Wäscheklammern
- Teppichfliesen
- leere Tetrapaks
- Schulbücher

Sicher finden Sie beim Gang durch Ihre Wohnung oder durch das Klassen- oder
Lehrerzimmer selbst das eine oder andere verwertbare „Bewegungsgerät".
Auch Kinder sollten in diese Vorbereitungen miteinbezogen werden. Ihre Fantasie
ist grenzenlos. Natürlich sind sie auch motiviert und stolz, wenn ihre Ideen im
Unterricht verwirklicht werden. Also: Viel Spaß beim Ausprobieren und Weiter-
erfinden!

Bewegungsideen mit Chiffontüchern

Chiffontücher, duftig-leichte, transparente, bunte Stoffe, kennen Sie sicherlich aus der „Zirkusschule". Sie sind optimal, um erste **Jonglierversuche** zu machen. Ihre Flugbahn ist sehr gut steuerbar. Man sollte nur beachten, dass sie senkrecht vor dem Körper hochgeworfen werden. Die Flugbahn verläuft von innen nach außen. Anstatt aber die Kinder in ein Korsett eng formulierter Ziele und Inhalte zu stecken, sollte man die Gunst des Materials nutzen und die Kinder erproben und experimentieren lassen – Freiheit gewähren. Auf diese Weise erfahren sie die Möglichkeiten von Körper und Bewegung, Raum, Zeit und Rhythmus auf spielerische Art.

Erproben – Experimentieren

Stellen Sie eine Kiste mit vielen bunten Tüchern in die Kreismitte. Jedes Kind nimmt sich nach Wahl 1–2 Tücher. „Probiert aus, was sich damit machen lässt." Unterstützend wirkt dabei fließende Musik. Aerobic- oder Popmusik eignen sich weniger. Angenehm sind Melodien z.B. von

- Richard Claydermann,
- Yanni „Romantic Moments",
- Musical-Sequenzen wie Disney's Hercules,
- Melodien aus „Feuervogel" oder „Die Moldau",
- praktisch sind zudem CD-Sampler, z.B. „Best of the Musicals".

Beobachten Sie dabei die Umsetzungsvariationen der Kinder, die entstehen. Sortieren Sie für sich:

- Bewegungen allein mit dem Tuch
- Bewegungen mit 2 Tüchern
- Bewegungen mit einem Partner
- Gruppengestaltungen

Wählen Sie aus, welche Ergebnisse am besten zu Ihrem Stundenziel passen. Lassen Sie nun die Bewegungen von den Kindern zeigen und von allen nachmachen: „Könnt ihr das auch?", „Habt ihr noch eine andere Idee?"

Folgende **Bewegungsmöglichkeiten** könnten sich herauskristallisieren:

Bewegungen allein mit dem Tuch

- Das Tuch hochwerfen und wieder fangen.
- Das Tuch hochwerfen, es segelt wie ein Fallschirm zu Boden.
- Das Tuch geknüllt hochwerfen, es fällt wie ein Ball.
- Das Tuch fliegen lassen.
- Das Tuch beidhändig fassen und wie ein „Torero" durch die Halle laufen: „Vorsicht, es kommt ein wilder Stier, weiche ihm aus."
- Das Tuch auf dem Kopf balancieren.
- Das Tuch um den Arm legen und balancieren.
- Das Tuch schwingen.
- „Male deinen Namen in die Luft."
- „Zeichne dein Lieblingstier in die Luft."
- „Wie heißt deine beste Freundin/dein bester Freund?"
- „Zeichne einen Gartenzaun, große Wellen, kleine Wellen, Wolkenbilder, eine liegende Acht ..."
- „Laufe so schnell durch die Halle, dass dein Tuch an dir kleben bleibt, ohne dass du es festhalten musst."
- „Drehe dich mit deinem Tuch im Kreis."

Bewegungen mit 2 Tüchern

- „Probiere all das aus, was du auch mit einem Tuch schon probiert hast."
- „Kannst du mit 2 Tüchern jonglieren?"
- „Du bist ein Flugzeug."
- „Du bist ein Hubschrauber."
- „Du bist ein Fußballfan."

Bewegungen mit einem Partner

- „Suche dir einen Partner mit einer bestimmten Tuchfarbe:
blau sucht rot, grün sucht gelb."
- Spieglein, Spieglein an der Wand: Ein Kind macht Bewegungen vor, das
andere Kind ahmt sie spiegelbildlich nach – „Wechselt dann die Rollen."
- „Schwingt euer Tuch mit der rechten und mit der linken Hand."
- „Könnt ihr euch die Tücher zuwerfen?"
- Wäsche trocknen: Die Kinder laufen durch den Raum.
Zwischen sich halten sie das Tuch, das im Wind flattert.
- „Denkt euch gemeinsam einen kleinen Tanz zu einer Melodie aus.
Welches Paar möchte seine Ideen zeigen?"

Bewegung in der Gruppe

Von jedem Tuch sind so viele Farben vertreten, dass farbgleiche Gruppen mit
4–6 Kindern gebildet werden können. Zu Beginn wählt wieder jedes Kind ein
Tuch aus. Zur Musik bewegen sich alle durch den Raum. Stellen Sie nach einer
Weile die Musik aus, und geben Sie vor, wie sich die Gruppen formieren sollen:

- alle Kinder einer Farbe,
- eine Gruppe, in jeder Gruppe ist eine Farbe vertreten,
- Gruppen mit 3, 4, 5, 6 Kindern.

Spielen Sie das Spiel so lange, bis sich die für Sie optimale Formation
ergeben hat. Im Folgenden finden Sie Spiele mit dem **Chiffontuch**.

Tanz zur Musik

Jede Gruppe erhält eine geeignete Übungsfläche in der Halle zugewiesen.
Zur Orientierung helfen die Linien, die auf dem Hallenboden aufgemalt sind
oder Pylone. Lassen Sie die Kinder die ausgewählte Musik hören:

- „Schließt eure Augen, welche Geschichte erzählt euch die Musik?"
  Im Unterrichtsgespräch beschreiben die Kinder ihre Eindrücke.
- „Könnt ihr eure Geschichte zur Musik mit Hilfe der Tücher
  tanzend erzählen?"
- Nach einer Übungsphase von mindestens 15–20 Minuten dürfen
  die Gruppen ihre kleinen Choreografien vorstellen.

Bewegungsgeschichte

Spielen Sie Entspannungsmusik ein. Die Kinder liegen bequem auf dem Boden.
Lesen Sie mit ruhiger Stimme folgenden Text vor:

*„Es ist ein wunderbar ruhiger Sommertag. Du liegst am Strand. Eine sanfte Brise
streicht über deinen Körper. Du spürst die Berührung, und du siehst, dass der
Wind Gestalt angenommen hat: als sanftes rotes (grünes, blaues, buntes ...) Tuch
streift er über deinen Bauch, deine Arme, deine Beine, dein Gesicht. Langsam
richtest du dich auf und begibst dich auf eine Reise mit dem Wind. Nur ganz
leicht bläst er, sanft bewegt er die Blumen und Bäume, langsam aber wird er
stärker, er rüttelt an den Ästen, er saust und braust, als Wirbelsturm tanzt er über
das Land, wird stärker und stärker, zum rasenden Orkan ..., bis er langsam müde
wird, gemütlich weiterbläst und schließlich einschläft ..."*

Fangspiel

Vorbereitung:
Die Kinder stecken ihr Tuch hinten in die Hose.

Ablauf:
Alle Kinder versuchen, so viele Tücher wie möglich einzusammeln.

**Aber ich kann
nicht Sport** **doch gar
unterrichten!** **71**

Bewegungsideen mit Watte

Watte eignet sich auf Grund seiner Leichtigkeit sehr gut für Balancier- und Haltungsübungen:

- Die Kinder legen sich einen Wattebausch auf den Kopf und gehen durch den Raum, ohne dass er zu Boden fällt. Dabei wird die Laufrichtung durch die Spielfeldlinien, die am Hallenboden aufgemalt sind, vorgegeben. Differenzierung: Es müssen zusätzlich Hindernisse überwunden werden: Die Kinder balancieren über Schwebebänke, überklettern kleine Kästen, kriechen unter Reckstangen hindurch usw.
- Sie erproben auch ihr Geschick, wenn die Watte auf anderen Körperteilen liegt: auf der Schulter, dem Handrücken …
- Sie legen sich den Wattebausch auf den Handrücken, versuchen ihn herunterzublasen und mit einer Hand aufzufangen.
- Die Kinder fassen einen Partner an den Händen:
  - gemeinsam gehen sie in die Hocke und stehen wieder auf,
  - gemeinsam setzen sie sich,
  - sie drehen sich,
  - sie hüpfen auf einem Bein.

  Welches Paar hält den Wattebausch am längsten?

Bewegungsideen mit Bierdeckeln

⚜ Werfen Sie eine größere Anzahl von Bierdeckeln in den Raum.
Die Bierdeckel sind Steine im Fluss. Wer kommt trockenen Fußes
durch den Fluss?

⚜ Die Bierdeckel sind Maulwurfshügel auf der Wiese:
„Lauft über die Wiese, aber tretet nicht auf die Maulwurfshügel."

⚜ In der Halle sind kleine Geräte zum Überwinden aufgestellt (Kästen,
Bänke, große Kästen, Matten usw.). Die Bierdeckel zeigen den Weg
von Gerät zu Gerät. Die Kinder dürfen nicht vom Wege abkommen.

⚜ Auf Ihr akustisches Signal sausen die Kinder durch die Halle:
„Wer sammelt die meisten Bierdeckel ein?"
Mit diesem letzten Spielvorschlag sind ruckzuck alle Deckel wieder
aufgeräumt und können anderweitig benutzt werden!

⚜ Jedes Kind sucht sich einen Bierdeckel, den es sich auf den Kopf legt.
Wer schafft eine Hallenrunde gehend (laufend, hüpfend), ohne dass
der Deckel zu Boden fällt?

⚜ Der Bierdeckel wird auf einem anderen Körperteil balanciert.

⚜ Die Kinder bewegen sich im Krebsgang vorwärts. Mehrere Bierdeckel
liegen auf dem Bauch.

⚜ Jedes Kind erhält 2 Bierdeckel. Es kann sich nur auf den Bierdeckeln
fortbewegen. Das heißt, unter dem linken Fuß nimmt das Kind den
Bierdeckel selbst weg, balanciert auf dem rechten Bein, legt den
Bierdeckel wieder vor dem Standbein ab und stellt den linken Fuß auf.
Dann „klaut" es sich wieder selbst den Bierdeckel – diesmal unter
dem rechten Fuß, balanciert auf dem linken Fuß, legt den Deckel wieder
vor sich ab usw. Zu schwierig? Dann lassen Sie die Übung zunächst
mit drei Bierdeckeln probieren.

Im Folgenden finden Sie Spiele mit **Bierdeckeln**.

Künstlerwettlauf

Vorbereitung:

Kennzeichnen Sie Staffellaufbahnen mit Pylonen: Jeweils am Anfang und am Ende einer Bahn ist ein Pylon aufgestellt. Jede Gruppe erhält eine andere Pylonenfarbe. Die Kinder stellen sich in Gruppen (Riegen) hinter den Startpylonen auf. Neben jedem Pylon befindet sich eine Kiste mit Bierdeckeln. Jede Gruppe verfügt über die gleiche Anzahl.

Ablauf:

Auf Ihr Signal hin nimmt das erste Kind einen Bierdeckel und transportiert ihn zum Zielpylon, anschließend läuft es wieder zurück. Das nächste Kind legt seinen Bierdeckel daneben, darüber oder darunter ab. Auf diese Weise entsteht ein fantasievolles „Gemälde". Wessen Bild ist zuerst fertig? Was soll es darstellen?

Vernissage

Vorbereitung:

Die Kinder nehmen dieselbe Position wie bei dem Spiel „Künstlerwettlauf" ein. Die Kunstwerke liegen noch hinter jeder Laufbahn.
Jetzt aber wird durchgezählt: Bei 5 Kindern von 1–5.

Ablauf:

Sie rufen eine Zahl von 1–5. Nun laufen alle Kinder mit dieser Zahl das gesamte Lauffeld ab: Zu Bild 1 – einmal umrunden – zu Bild 2 – einmal umrunden – zu Bild 3 – einmal umrunden usw. Die Mannschaft, deren Läufer am schnellsten ist, erhält einen Punkt.

Variante:

Sie rufen 2 oder 3 Zahlen gleichzeitig. Die entsprechenden Kinder laufen den Weg gemeinsam mit Handfassung.

Zugedeckt

Vorbereitung:

Teilen Sie die Kinder in Gruppen mit etwa 4 Kindern ein.

Jede Gruppe erhält eine Kiste mit vielen Bierdeckeln.

Ablauf:

Ein Freiwilliger jeder Gruppe baut sich als Statue auf. Er steht ganz still,
die Hände zur Seite ausgebreitet, die Handflächen nach oben gedreht.
Wie viele Bierdeckel kann die Gruppe auf seinem Körper platzieren,
ohne dass einer herunterfällt?

Varianten:

Wie viele lassen sich auf dem Kopf stapeln?

Wie viele lassen sich auf der Schulter stapeln?

Fliegende Bierdeckel

Vorbereitung:

Die Kinder stellen sich im Kreis auf. In der Mitte liegt ein Schwungtuch,
auf dem (viele) Bierdeckel verteilt sind.

Ablauf:

Vorsichtig heben alle Kinder das Schwungtuch an und schwingen es langsam
hoch und runter. Auf Ihr Signal hin schwingen die Kinder das Schwungtuch weit
nach oben, sodass sich die Bierdeckel in der Halle verteilen. Auf ein weiteres
Signal hin versucht jedes Kind, so viele Bierdeckel wie möglich zu sammeln.
Wer hat die meisten Bierdeckel ergattert?

Variante:

Teilen Sie die Kinder in 3 Mannschaften ein.

Welche Mannschaft konnte die meisten Bierdeckel sammeln?

Aber ich kann
nicht Sport   doch gar
unterrichten!   75

Bewegungsideen mit Handtüchern

Handtücher sind auf Grund ihrer Struktur schwerer, im Flug schneller und in der Handhabung schwerfälliger als die Chiffontücher, auch eigenwilliger als Zeitungspapier. Die Übungen mit dem Handtuch dienen hauptsächlich der Kräftigung und der Entspannung.

Erproben – Experimentieren

Mit Musik im Hintergrund kommen die Kinder sicher auch allein auf viele Bewegungsideen. Geben Sie ihnen Raum und Zeit, auszuprobieren, was alles möglich ist. Greifen Sie die Ideen Ihrer Schüler auf. Einzelne Bewegungsvorschläge werden vorgeführt und von den anderen nachgemacht.

Werfen und Schwingen

- Die Kinder werfen das Handtuchknäuel mit einer Hand hoch und fangen es wieder auf.
- Sie werfen es beidhändig so hoch wie möglich.
- Sie drehen sich dabei.
- Sie werfen unter einem Bein hindurch.
- Sie schwingen das Tuch hoch und tief mit beiden Händen.
- Sie schwingen das Tuch seitlich.
- Sie schwingen das Tuch hoch und drehen sich dabei.

Ideen mit dem Partner

- Die Kinder werfen sich ein Handtuch zu.
- Jedes Kind hat ein Knäuel in der Hand.
  Sie werfen sich beide gleichzeitig zu.
- Sie versuchen, sich mit ihrem Knäuel abzutreffen.
- Ein Kind steht mit dem Rücken zum Partner und versucht, zwischen den Beinen durchzuwerfen.

🐌 Beide Kinder halten ein Handtuch mit beiden Händen straff zwischen sich und laufen wie eine „Mauer" durch den Raum.
Vorsicht: Wir weichen aus und berühren andere Paare nicht!
Kommt ein anderes Paar entgegen, so bilden wir rasch einen Tunnel, unter dem die anderen durchlaufen können.

🐌 Sie wringen beide Tücher und halten sie jeweils mit einer Hand fest.
Nun laufen sie als „Kutscher und Pferd" durch den Raum.

🐌 Die Kinder spielen „Kutscher und Pferd" als Fangspiel.

🐌 „Karussell": Wir wringen ein Tuch, halten es mit beiden Händen an einem Ende fest und drehen uns schnell im Kreis.

🐌 Akrobatenkellner: Ein Kind legt sich das Tuch wie ein Kellner um den Unterarm und gibt es so an seinen Partner weiter.

🐌 Es legt sich das Tuch über einen Fuß und gibt es an den Partner weiter.

🐌 2 Paare erhalten einen Tennisball. Sie spielen sich den Ball mit den Handtüchern zu.

Idee für die Gruppe

🐌 Es wird ein kleines Spielfeld abgesteckt. Eine Bank dient als Mittellinie.
Jede Mannschaft besteht aus 2 Paaren. Die Mannschaften versuchen, den Tennisball ins andere Spielfeld zu spielen. Beide Teams vermeiden, dass der Ball zu Boden fällt.

Bewegungsideen mit Rettungsfolien

Auf die Idee, Rettungsfolien einzusetzen, kam ich, als ich eine Tanzvorführung für ein Kinderfest plante. Die Kinder wünschten sich als Thema „Eine Reise in die Zukunft". Also suchte ich nach einem Material, das futuristisch glänzte und knisterte und möglichst langlebig und reißfest war. Rettungsfolien haben ähnliche Flugeigenschaften wie Schwungtücher. Sie ermöglichen aber, wegen ihrer geringeren Fläche, das Üben in kleineren Gruppen.

Erproben – Experimentieren

Bilden Sie 4er-Gruppen. Jede Gruppe breitet eine Rettungsfolie zwischen sich aus. Lassen Sie die Kinder auch mit diesem neuen Material erforschen, welche Eigenschaften es mitbringt und was man damit alles anstellen kann: Die Kinder werden schwingen, drehen, laufen, sich verstecken, einwickeln ... Bieten Sie den Kindern passende Musik an. Ich wählte „Major Tom" von Peter Schilling. Dieses Musikstück ist klar strukturiert, hat einen eingängigen Rhythmus und verschiedene melodische Variationen, die gut nachvollziehbar sind. Lassen Sie die Kinder sich in die Musik einhören. „Welche Bewegungen passen dazu?" Die Kinder zeigen ihre Vorschläge.

Gestalten in 4er-Gruppen

Jede Gruppe erhält die Aufgabe, aus 4 Bewegungsformen eine kleine Vorführung zusammenzustellen. Dabei haben sie z.B. die Möglichkeiten:

- des Hoch-Tief-Schwingens,
- des gemeinsam Drehens,
- ein Paar hebt seine Seite hoch, steht auf Zehenspitzen,
  das andere Paar läuft zwischen ihnen durch,
  ohne die Folie loszulassen,
- ein Kind wird ein- und ausgewickelt.

Bewegungsideen mit Luftballons

Die Leichtigkeit und Buntheit des Luftballons fasziniert Kinder immer. Spielen Sie den Losbudenverkäufer auf dem Rummelplatz und werfen die kunterbunten, unaufgeblasenen Ballons in den Raum. Die Kinder werden begeistert danach greifen. Jedes Kind bläst seinen eigenen Ballon auf. Beim Verknoten werden Sie vielleicht etwas helfen müssen.

Erproben – Experimentieren

Die Kinder bewegen sich im Raum mit ihren Ballons. Sie werden ihn vielleicht werfen und fangen unter verschiedenen Bedingungen. Sie werden ihn vor sich schmettern wie einen Volleyball. Oder sie werden vielleicht auf Partnersuche gehen und gemeinsam etwas ausprobieren.

Idee mit dem Partner

- Die Kinder bilden Paare. Sie klemmen den Ballon zwischen ihre Bäuche, ihren Rücken, zwischen die Knie, die Stirn ... Welches Paar tanzt am längsten?

Werfen und Fangen in kleinen Gruppen

- Ein Ballon wird von einer 3er-Gruppe werfend und „stupsend" in der Luft gehalten.
- Der Ballon darf nur mit einem bestimmten Körperteil berührt werden (mit den Fingerspitzen, nur mit dem Zeigefinger, mit dem Ellenbogen, mit dem Knie, mit dem Bauch ...).
- Der Ballon darf nicht mehr im Stehen abgespielt werden (im Sitzen, in der Bauchlage, auf einem Bein ...).

Bewegungsideen mit Wäscheklammern

Nicht alltäglich ist der Einsatz von Wäscheklammern. Wählen Sie Klammern
verschiedener Farben aus. So haben Sie die Möglichkeit, ähnlich wie beim Einsatz
der Luftballons, Farbe in Ihre Organisation zu bringen. Wäscheklammern lassen
sich ähnlich erproben wie andere Objekte:

- Man kann sie werfen und fangen.
- Man kann sie auf verschiedenen Körperteilen balancieren.
- Man kann damit jonglieren.
- Man kann Wurf- und Fangübungen mit einem Partner ausprobieren.
- Man kann gemeinsame Spiele organisieren.

Im Folgenden finden Sie Spiele mit **Wäscheklammern**.

Festklammern – ein Leisespiel

Vorbereitung:
Alle Klammern befinden sich in 5 kleinen Kisten – bei Bedarf farblich sortiert.
Die Kinder stehen im Raum verteilt auf einem Platz. Wählen Sie 5 Kinder aus.
Sie sind die Verteiler.

Ablauf:
Die Kinder stehen mit geschlossenen Augen im Raum.
Nun schleichen die „Verteiler" mit ihren Kistchen durch den Raum
und klammern ihre Mitschüler fest, d.h. sie befestigen eine Klammer
am T-Shirt oder der Hose. Wer eine Klammer spürt, wechselt die Position:

- Stehen auf einem Bein,
- Heben des rechten Armes,
- Heben des linken Armes,
- in die Hockstellung gehen,
- sich setzen.

Klammer-Klau

Vorbereitung:

Geben Sie die Spielzeit vor.

Jedes Kind hat 5 Klammern an seiner Kleidung befestigt.

Ablauf:

Alle Kinder gehen nun auf Diebesjagd: Sie versuchen, ihren Mitschülern so viele Klammern wie möglich abzunehmen, ohne dabei selbst Klammern abgeben zu müssen.

Schwierig ist es für kleinere Kinder, mehrere Klammern in den Händen zu halten. Ein Bierdeckel kann helfen: Einfach die gesammelten Klammern am Bierdeckel festklammern. So geht keine verloren, und es kann abschließend gut nachgezählt werden.

Variante:

Eine Gruppe von Dieben, die selbst keine Klammern befestigt hat, geht auf Diebeszug. Das Spiel ist beendet, wenn die Gruppe alle Klammern „geklaut" hat.

Bewegungsideen mit Teppichfliesen

Mit Teppichfliesen das Gleichgewicht schulen

- City-Roller: Die Kinder benutzen die Fliese wie einen Roller.
- Die Kinder rollern um die Wette.
- **Eisschollenspringen:** Die Fliesen werden im Raum ausgelegt:
  „Wir befinden uns in der Antarktis. Überall ist tiefes, kaltes Wasser!
  Nur die Eisschollen retten uns. Könnt ihr von Scholle zu Scholle springen?
  Helft euch gegenseitig."
- **Schlittenarena:** Spannen Sie ein Tau quer durch die Halle – etwa
  in Brusthöhe der Kinder. Ein Ende wird an der Sprossenwand verknotet.
  Hängen Sie nun an der Sprossenwand 2 Langbänke ein, und sichern
  Sie sie mit Turnmatten ab. Die Kinder ziehen sich, auf der Fliese stehend,
  an dem Tau bis zur Sprossenwand, wie in einem Skilift. Nun klettern sie
  eine Langbank hoch und rutschen auf der anderen Langbank, auf der
  Fliese sitzend, wieder herunter.

Ideen zu zweit und zu dritt

- Ein Kind kniet auf der Fliese und wird von dem Partner/den beiden
  anderen durch die Halle gezogen.
- Die Kinder benutzen Seile, an denen sie sich festhalten, wenn sie durch
  den Raum gezogen werden, dabei liegen die Kinder auf den Fliesen in
  Rücken- oder in Bauchlage.

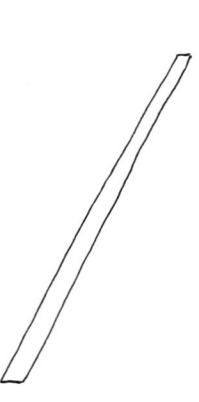

Aber ich kann
nicht Sport
doch gar
unterrichten!

Bewegungsideen mit leeren Tetrapaks

Ist das Thema „Müllvermeidung – Müllverwertung" auch immer wieder Inhalt Ihres Sachunterrichtes? Haben Sie bereits nach Ideen gesucht, das Thema fächerübergreifend anzugehen?

Vor einiger Zeit sah ich Fotos von Kindern in Afrika, die sich ihr Spielzeug aus dem täglichen Abfall zusammenstellten. Für meine Schüler bedeuteten diese Bilder Anregung, selbst Spielzeug aus Müll herzustellen. Somit liegt es nahe, auch den Bewegungsunterricht mit „neuen alten" Materialien zu bestücken. Eine mit wenig Aufwand umzusetzende Idee ist es, leere Tetrapaks zu benutzen. Aus hygienischen Gründen bevorzuge ich 1-l-Packungen mit dicht verschließbarem Schraubverschluss. Meist sind es leere Safttüten. Diese Verpackungen sammle ich – wie es sich gehört – in einem gelben Sack. Und dieser gelbe Sack begleitet mich in die Sportstunde

Hinführung

Im Gesprächskreis werden die Kinder für das heutige Thema sensibilisiert.

- „Was steckt in meinem gelben Sack?"
- „Was geschieht üblicherweise mit dem Müll?"
- „Was könnten wir mit den leeren Kartons im Sportunterricht machen?"
- Sammeln Sie die Ideen mit Ihren Schülern, und lassen Sie sie anschließend frei ausprobieren, was man allein oder zu zweit damit machen kann.
- Müllberge: Verteilen Sie die Kartons in kleinen Häufchen im Raum. Die Kinder umlaufen oder überspringen die Müllberge.

Im Folgenden finden Sie Spiele mit **Tetrapaks**.

Karton über die Schnur

Vorbereitung:

Wie beim Spiel „Ball über die Schnur", werden 2 Mannschaften gebildet.
An der Mittellinie wird eine Zauberschnur gespannt, die überspielt werden muss.

Ablauf:

Jede Mannschaft versucht, den Karton so zu werfen, dass er bei der gegnerischen
Mannschaft auf den Boden fällt. Natürlich wollen die anderen Kinder das verhindern und versuchen, den Karton sicher zu fangen.

Die Reise nach Müllhausen

Vorbereitung:

Es steht ein Karton weniger, als Schüler in der Gruppe sind, im Raum.
Wählen Sie schnelle Laufmusik.

Ablauf:

Wie bei der „Reise nach Jerusalem", laufen die Kinder zur Musik durch den Raum.
Wird die Musik gestoppt, schnappt sich jedes Kind einen Karton. Wer übrig ist,
nimmt einen Karton mit zur Seite oder steckt ihn in den gelben Sack.
Wer bleibt am längsten im Spiel?

Abtreffen

Vorbereitung:

Auf einem kleinen Kasten wird aus den Kartons eine kleine Pyramide gebaut.
Die Abwurfzone wird mit einem Pylon gekennzeichnet.

Ablauf:

Wie viele Zielwürfe braucht jedes Kind, bis die Pyramide abgeräumt ist?
Wie viele Kartons trifft jedes Kind mit einem Zielwurf?

Kegeln

Vorbereitung:

9 Kartons werden wie Kegel aufgestellt. Etwa 5–10 m entfernt wird
die Abwurfzone mit einem Pylon gekennzeichnet.

Ablauf:

Die Kinder kegeln in kleinen Gruppen. Dazu benutzen sie entweder
einen Gymnastikball oder einen Medizinball.

Varianten:

✪ Abräumen: Es wird so lange gekegelt, bis alle Kartons umgestoßen sind.

✪ Alle 9: Jedes Kind kegelt in die Vollen. Wie viele Kartons fallen um?

✪ Große Hausnummer: Jedes Kind hat 3 Würfe. Das Ziel ist, eine möglichst
hohe Hausnummer zu erzielen. Nach jedem Wurf entscheidet das Kind, an
welcher Stelle der dreiteiligen Hausnummer sein Wurfergebnis stehen soll.
Nun hat ein Kind z.B. folgende Ergebnisse:

1. Wurf = 2; es entscheidet: ganz hinten
2. Wurf = 5; es entscheidet sicherheitshalber: ganz vorne
3. Wurf = 1; das Ergebnis wird in die Mitte gesetzt.
Welches Kind hat die höchste Hausnummer?

Lisa	5	1	2
Paul		4	2
Tim	7	7	

✪ Kleine Hausnummer: Gleiche Regelung wie oben,
aber es soll eine möglichst kleine Zahl entstehen.

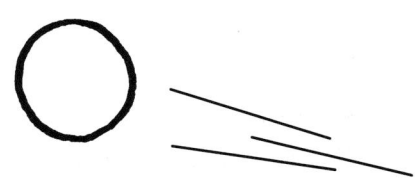

**Aber ich kann
nicht Sport** **doch gar
unterrichten!** **85**

Bewegungsideen mit alten Schulbüchern

Bei den Übungen mit den Schulbüchern stehe, neben Behändigkeit und Reaktionsvermögen, auch Kräftigung im Mittelpunkt. Ich wählte für diese Übungseinheit alte Atlanten. Sie sind hart kartoniert, stabil, groß und schwer!

Im Labyrinth

Vorbereitung:

Es wird pro Kind ein Buch benötigt. Die Kinder nehmen Kreisaufstellung ein.
Händigen Sie an die Kinder bunte Mannschaftsbänder aus.
Achten Sie darauf, dass die Farben gleichmäßig verteilt sind.
Im Kreis sind die Atlanten hochkant aufgestellt.

Ablauf:

Auf Ihr akustisches Zeichen hin, sausen die Kinder derselben Farbe durch das Atlanten-Labyrinth auf einen anderen frei werdenden Platz.

Motodrom

Ablauf:

❉ Verteilen Sie die Bücher in der Halle. Alle Kinder umlaufen gleichzeitig die Bücher, ohne sich anzurempeln.
❉ Alle Kinder überspringen die Bücher.
❉ Alle Kinder balancieren ein Buch auf dem Kopf und laufen durcheinander im Kreis.

Topmodel

Vorbereitung:
Ein Balancierparcours mit Kästen, Langbänken, einem niedrigen Schwebebalken oder einem Balancierholz wird aufgebaut.

Ablauf:
Die Kinder durchlaufen den Parcours und balancieren dabei das Buch auf dem Kopf. Wer schafft es, ohne dass das Buch herunterfällt?

Variante:
Die Kinder balancieren mit einem Buch auf dem Kopf auf den Hallenbodenlinien. Kommen sich 2 Kinder entgegen, muss eines der beiden die Richtung wechseln. Aneinander vorbeigehen ist nicht erlaubt!

Bücherstark

Mit dem Buch ist eine Vielzahl von Kräftigungsübungen möglich.

- Die Kinder sitzen auf dem Boden und legen den Atlas auf ihr gestrecktes Bein. Wer kann das Buch 10-mal anheben?
- Die Beine werden gekreist.
- Die Kinder stehen. Das Buch wird mit ausgestreckten Armen vor dem Körper in der Luft gehalten. Wer schafft es eine Minute lang?
- Die Kinder liegen auf dem Bauch. Die Arme sind nach vorn gestreckt. „Könnt ihr das Buch 10-mal anheben?"
- Die Kinder knien. Sie halten das Buch vor dem Körper. Die Ellenbogen zeigen zur Seite. Nun werden die Hände fest gegen das Buch gepresst. Wer kann die Spannung eine Minute halten?

Aber ich kann doch gar
nicht Sport unterrichten!

Kapitel 5

Sich bewegen –
an und mit Geräten

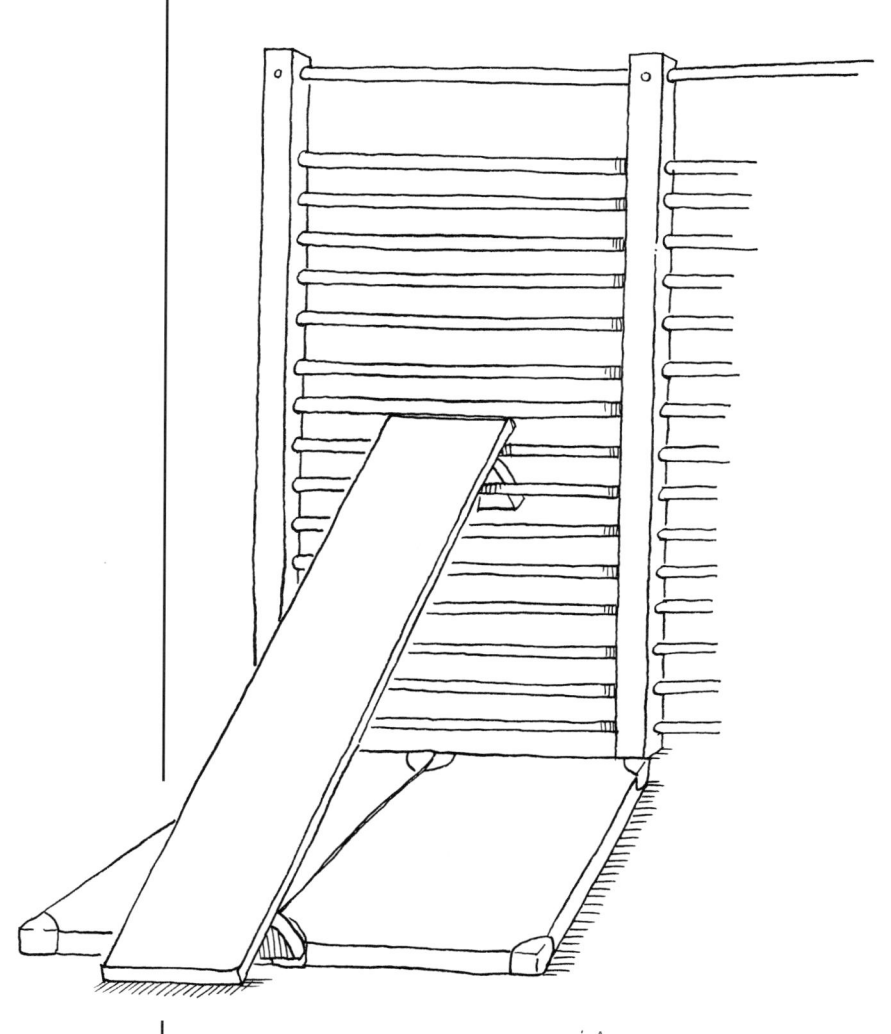

Sich bewegen – an und mit Geräten

Klettern, Springen, Schwingen, Balancieren, Rollen, Felgen

Dies alles sind Basisfertigkeiten, die vorrangig in der Grundschule vermittelt werden sollen, die in ganz unterschiedlicher Aufgabenstellung immer wieder vorkommen und die sich sehr gut in **Bewegungslandschaften** üben lassen.

Daher spricht sehr viel für den Aufbau von Bewegungslandschaften, denn hier können die Kinder in einer spielerisch gestalteten Bewegungswelt viele Bewegungs- und Körpererfahrungen sammeln. Dabei entscheiden sie selbst ihr Tempo und den Schwierigkeitsgrad der Ausführung:

- Klettere ich auf die höchste Sprosse der Leiter oder nur bis zur Hälfte?
- Balanciere ich vorwärts oder rückwärts über die Langbank?
- Kann ich über den Kasten springen, oder lande ich mit den Knien darauf?
- Wiederhole ich die Übung 3-mal oder 5-mal?
- Probiere ich die Übung allein, oder lasse ich mir helfen?
- Hilft mir mein Freund oder meine Lehrerin?

Alle diese Fragen wird sich das Kind nicht konkret stellen, sondern einfach tun. Sie selbst können sich aus dem Geschehen in der Halle zurücknehmen. Sie sind Organisator, Berater und Helfer, vielleicht auch ein Geschichtenerzähler.

Tipps:
- Stellen Sie sich selbst so im Raum auf, dass Sie alle Kinder im Blick haben.
- Geben Sie selbst dort Hilfestellung, wo Sie am meisten gebraucht werden. Erfahrungsgemäß ist das beim Helfen und Sichern von Sprüngen oder beim Klettern der Fall, wenn große Höhen überwunden werden müssen.
- Achten Sie in diesem Fall darauf, dass das Gerät, an dem Sie sich aufhalten werden, so in der Halle aufgebaut wird, dass Sie auch beim Helfen jederzeit den Gesamtüberblick bewahren.

Zum Aufbau von Bewegungslandschaften hat es sich bewährt, neben Aufbau-postern oder „Mini-Turnhallen" Anleitungskarten auszulegen. Als Anregung hierfür habe ich eine Reihe von **Anleitungskarten** vorbereitet (s. S. 94–102). Auf diesen Anleitungskarten sind **themenbezogene Gerätearrangements** dargestellt, an denen die Kinder klettern, springen, schwingen, balancieren, rollen oder felgen können. In der praktischen Umsetzung lassen sich diese Gerätearran-gements dann ganz nach Ihren Wünschen und Ideen zu ganzen Bewegungsland-schaften kombinieren.

Im zweiten Teil dieses Kapitels finden Sie Aufbaupläne von **Bewegungsland-schaften**, die sich gut in Bewegungsgeschichten einbinden lassen. Dabei habe ich mich für die folgenden Themen entschieden:

1. Viel Verkehr in unserer Stadt (s. S. 103)
2. Dschungelgeschichten (s. S. 104)
3. Auf dem Matterhorn (s. S. 105)

Auf den Seiten 106–110 finden Sie wichtige Tipps, Hinweise und Einstimmungs-geschichten zu den einzelnen Gerätearrangements und Bewegungslandschaften.

Wichtig zu wissen, bevor es losgeht …

Nicht alle Kinder sind erfahren oder mutig genug, um sich sofort in die Geräte-landschaft zu wagen. Einige benötigen moralische und auch fachmännische Hilfestellung. Daher sind im Folgenden wichtige Hinweise zu richtiger Hilfe-stellung aufgeführt.

Richtig stützen

Um Kinder beim Überklettern oder Überspringen von Geräten richtig zu sichern, benutze ich den **Klammergriff**. Dabei stehe ich in Schrittstellung vor dem Kind und umfasse den Oberarm mit beiden Händen. Stehe ich rechts vom Kind, setzte ich in der Schrittstellung mein rechtes Bein nach hinten und umgekehrt.

So kann ich der Bewegung des Kindes nachgeben. Dieselbe Technik wende ich an, wenn ein Kind in den Handstand schwingen soll: Ich umfasse den rechten Oberschenkel des Kindes im Klammergriff.

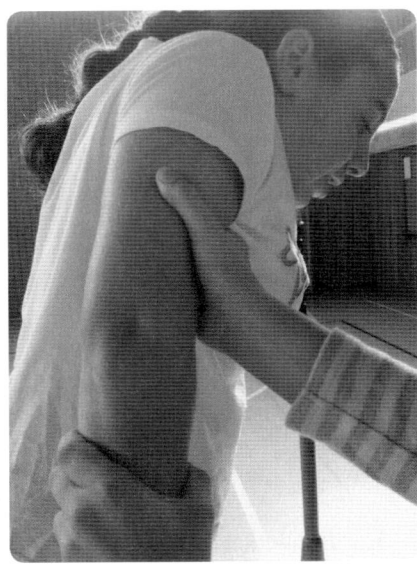

Tipp:

✐ Turnübungen wie der Handstand sind erst Inhalt meiner Sportstunde, wenn eine Vielzahl an Vorübungen zur Körperspannung und zum Wechsel von Körperlagen erfolgte – und diese Bewegungserfahrungen sammeln die Kinder am besten in offenen Übungssituationen, wie eben in Bewegungslandschaften.

Unterstützung von Drehbewegungen

Roll- und Felgbewegungen um die eigene Achse können zwar durch entsprechenden Geräteaufbau (schiefe Ebene, Wand zum Abdrücken) erleichtert werden, doch brauchen manche Kinder weitergehende Hilfe.

Stellen, hocken oder knien Sie sich rechts neben das Kind, entgegen dessen Bewegungsrichtung. Umfassen Sie mit der rechten Hand die rechte Schulter des Kindes. Unterstützen Sie die Drehbewegung mit Ihrer linken Hand im Lendenbereich des Kindes.

 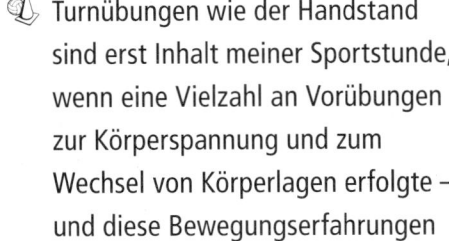

Wie leite ich zur Hilfe an?

Da ich als Lehrkraft nicht gleichzeitig an verschiedenen Orten helfen kann, ist es wichtig, die Kinder frühzeitig mit Hilfestellungen vertraut zu machen. Mit dem gemeinsamen Tun und dem gegenseitigen Helfen bauen die Kinder ganz selbstverständlich soziale Kompetenzen auf. Sie lernen, sich aufeinander verlassen zu können.

Spielerische Übungen zum Erlernen des Klammergriffes:

- Die Kinder bilden 3er-Gruppen. Jeweils ein Kind steht auf einem kleinen Kasten. Die Helfenden umfassen den Oberarm des Kindes und heben es vorsichtig vom Kasten herunter. Das Kind macht sich dabei ganz steif.
- Vor dem Kasten liegt ein Medizinball. Die Helfenden heben das Kind über den Medizinball.
- Die Kinder üben am 4-teiligen Kasten: Ein Kind federt mehrmals und springt in den Stütz auf den Kasten, die Helfenden sichern mit dem Klammergriff.

Tipp:
- Rollenwechsel nicht vergessen!

Spielerische Übung zum Erlernen des Helfergriffes bei Drehbewegungen:

Wählen Sie eine konkrete Übungssituation, z.B. Vorwärtsrollen über eine schiefe Ebene. Die Kinder üben zu zweit und wechseln sich bei der gegenseitigen Hilfestellung ab.

Hier wird geklettert! (1)

Ihr braucht:
2 große Kästen
1 Weichbodenmatte
1 Langbank
2 Turnmatten

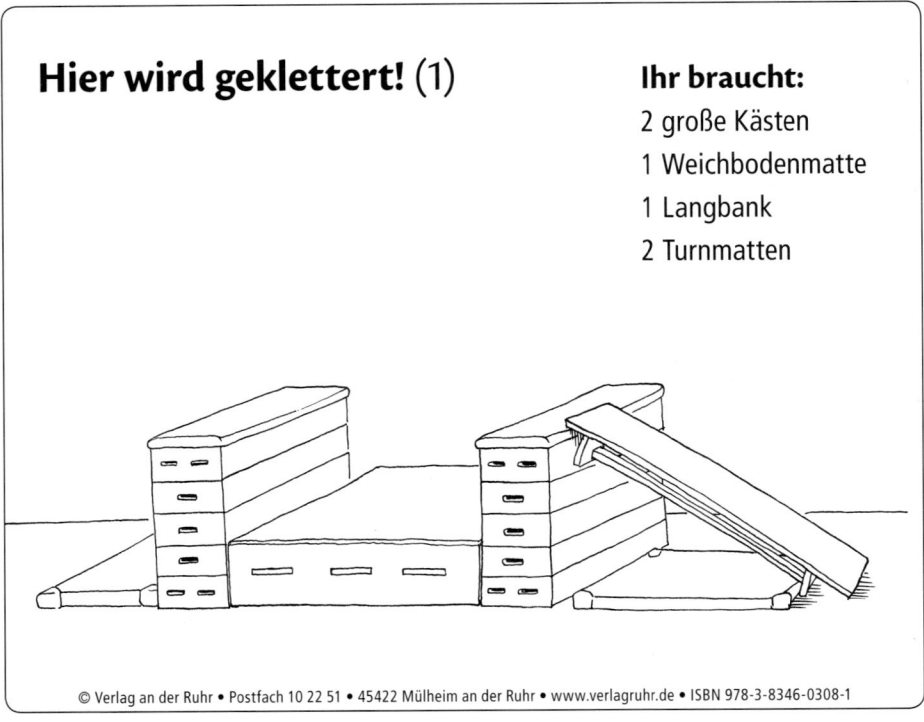

© Verlag an der Ruhr • Postfach 10 22 51 • 45422 Mülheim an der Ruhr • www.verlagruhr.de • ISBN 978-3-8346-0308-1

Hier wird geklettert! (2)

Ihr braucht:
1 Sprossenwand
1 Langbank
2 Turnmatten

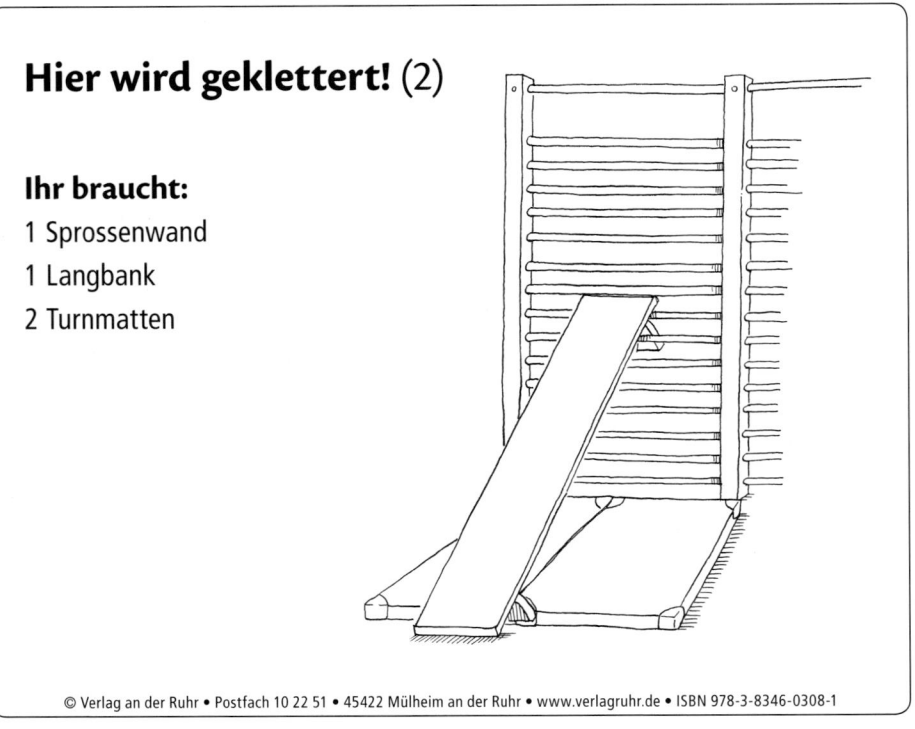

© Verlag an der Ruhr • Postfach 10 22 51 • 45422 Mülheim an der Ruhr • www.verlagruhr.de • ISBN 978-3-8346-0308-1

Hier wird geklettert! (3)

Ihr braucht:
3 Barren
1 großen Kasten
1 kleinen Kasten
8 Turnmatten

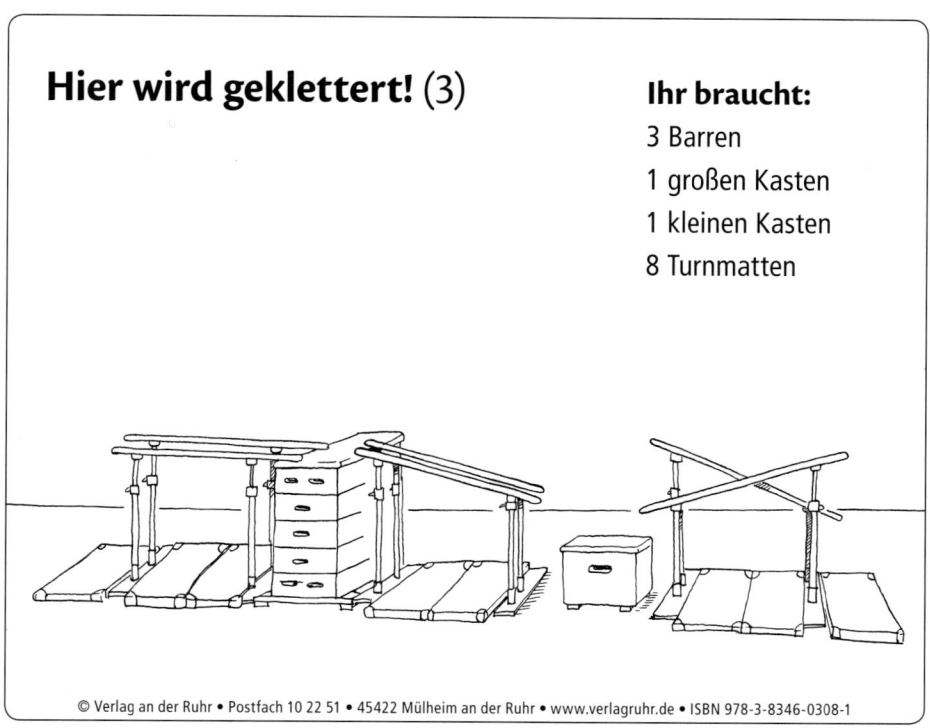

© Verlag an der Ruhr • Postfach 10 22 51 • 45422 Mülheim an der Ruhr • www.verlagruhr.de • ISBN 978-3-8346-0308-1

Hier wird geklettert! (4)

Ihr braucht:
2 große Kästen
2 kleine Kästen
5 Turnmatten

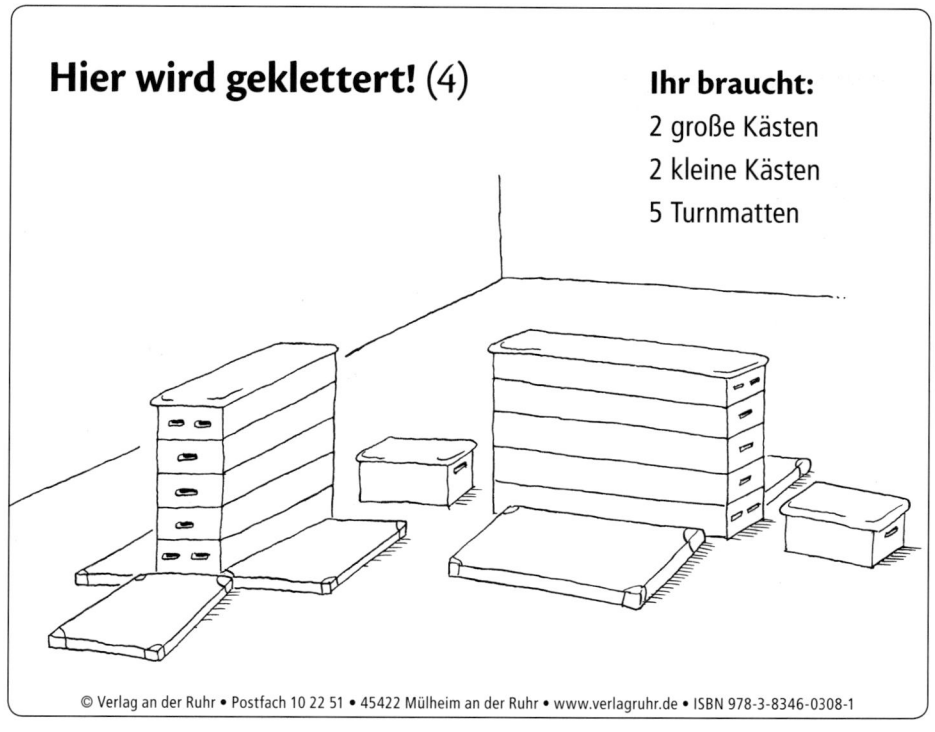

© Verlag an der Ruhr • Postfach 10 22 51 • 45422 Mülheim an der Ruhr • www.verlagruhr.de • ISBN 978-3-8346-0308-1

Wir springen hoch, höher, weit und weiter! (1)

Ihr braucht:
4 kleine Kästen

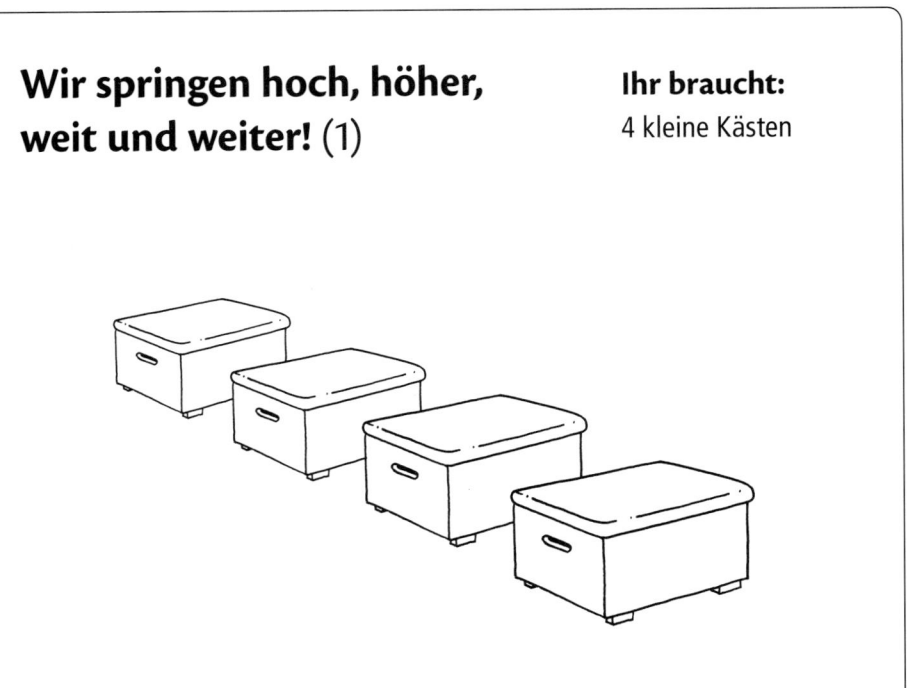

© Verlag an der Ruhr • Postfach 10 22 51 • 45422 Mülheim an der Ruhr • www.verlagruhr.de • ISBN 978-3-8346-0308-1

Wir springen hoch, höher, weit und weiter! (2)

Ihr braucht:
2 große Kästen
5 Turnmatten

© Verlag an der Ruhr • Postfach 10 22 51 • 45422 Mülheim an der Ruhr • www.verlagruhr.de • ISBN 978-3-8346-0308-1

Wir springen hoch, höher, weit und weiter! (3)

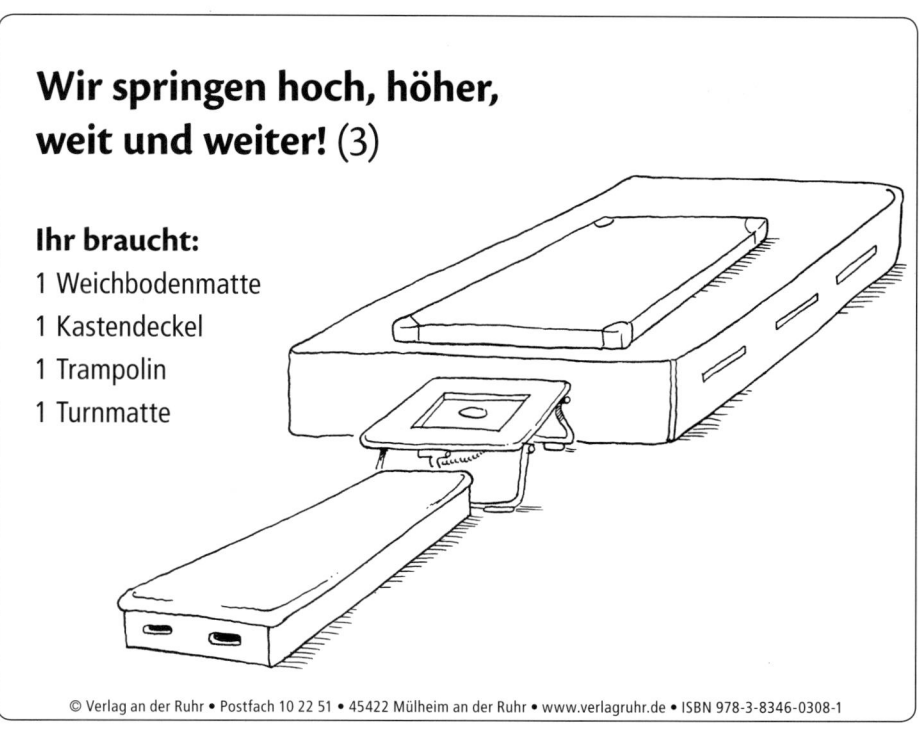

Ihr braucht:

1 Weichbodenmatte
1 Kastendeckel
1 Trampolin
1 Turnmatte

© Verlag an der Ruhr • Postfach 10 22 51 • 45422 Mülheim an der Ruhr • www.verlagruhr.de • ISBN 978-3-8346-0308-1

Mit viel Schwung voran! (1)

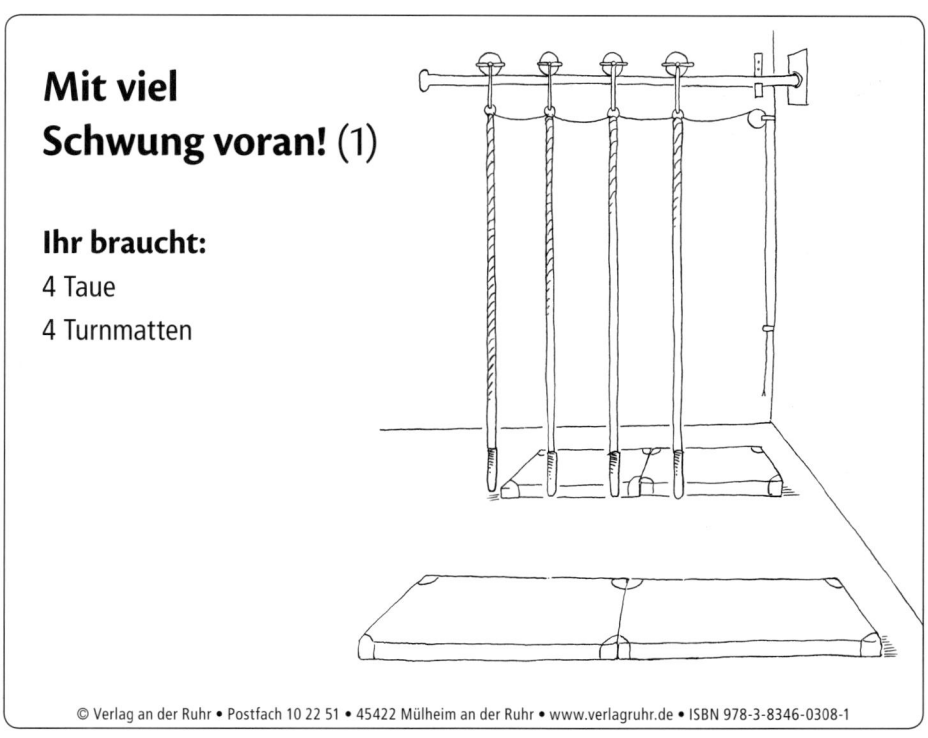

Ihr braucht:

4 Taue
4 Turnmatten

© Verlag an der Ruhr • Postfach 10 22 51 • 45422 Mülheim an der Ruhr • www.verlagruhr.de • ISBN 978-3-8346-0308-1

Mit viel Schwung voran! (2)

Ihr braucht:
1 Paar Ringe
2 Langbänke
4 Turnmatten

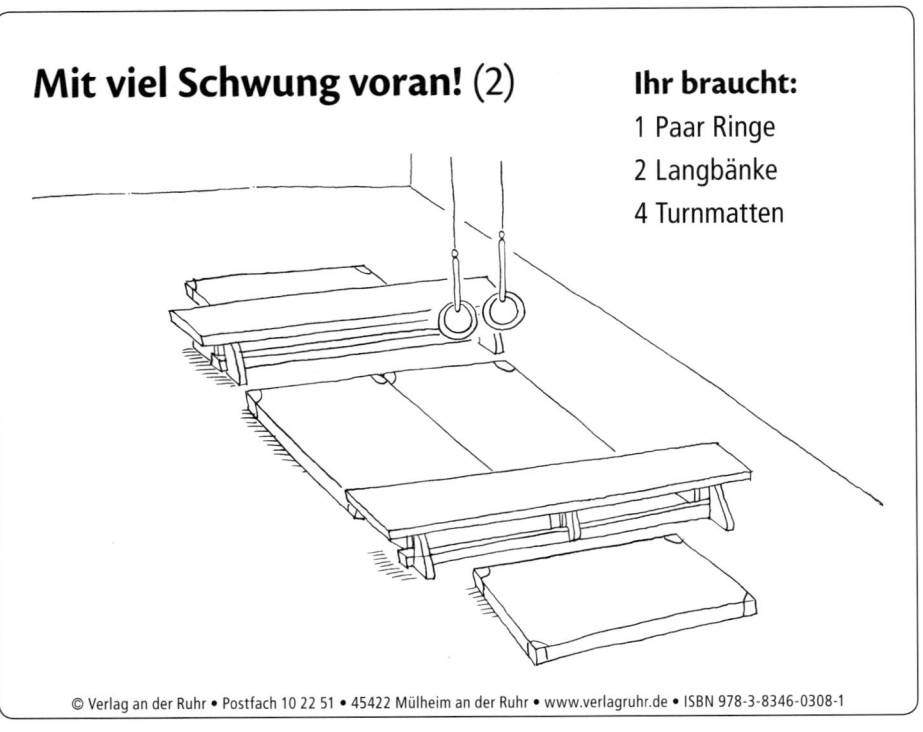

© Verlag an der Ruhr • Postfach 10 22 51 • 45422 Mülheim an der Ruhr • www.verlagruhr.de • ISBN 978-3-8346-0308-1

Mit viel Schwung voran! (3)

Ihr braucht:
1 Paar Ringe
4 Turnmatten

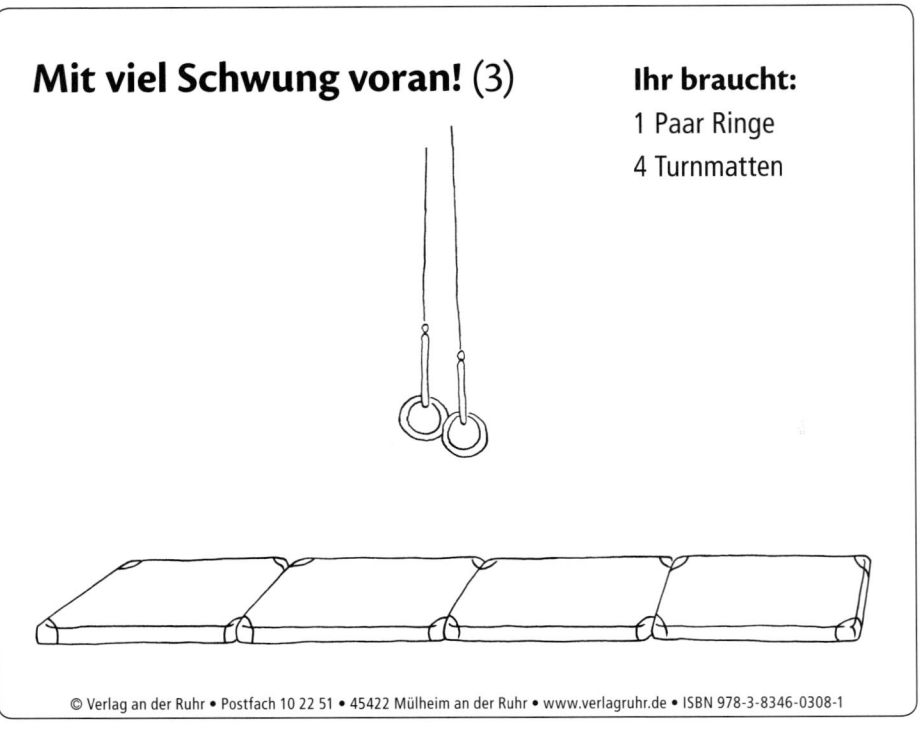

© Verlag an der Ruhr • Postfach 10 22 51 • 45422 Mülheim an der Ruhr • www.verlagruhr.de • ISBN 978-3-8346-0308-1

Wir balancieren! (1)

Ihr braucht:
1 Kastendeckel
3–4 Medizinbälle

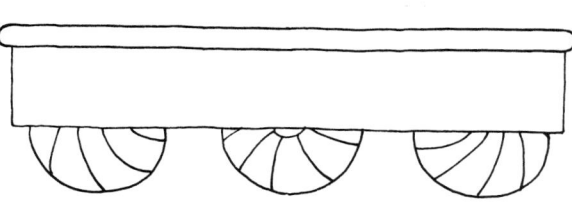

Wir balancieren! (2)

Ihr braucht:
2 kleine Kästen
2 Turnmatten
1 Langbank

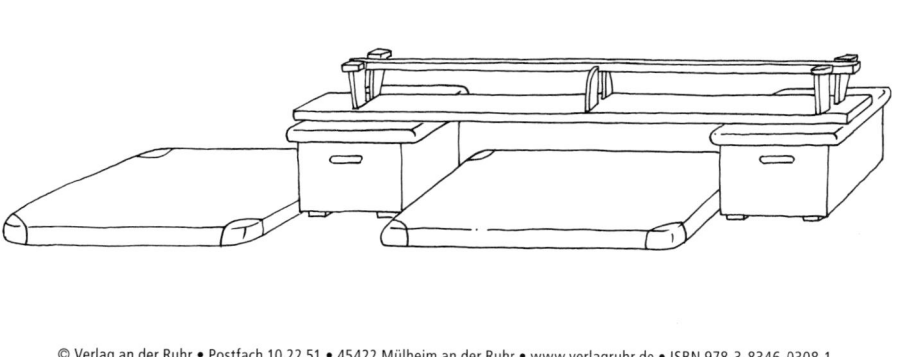

Wir balancieren! (3)

Ihr braucht:

1 kleiner Kasten
4 Turnmatten
1 Langbank

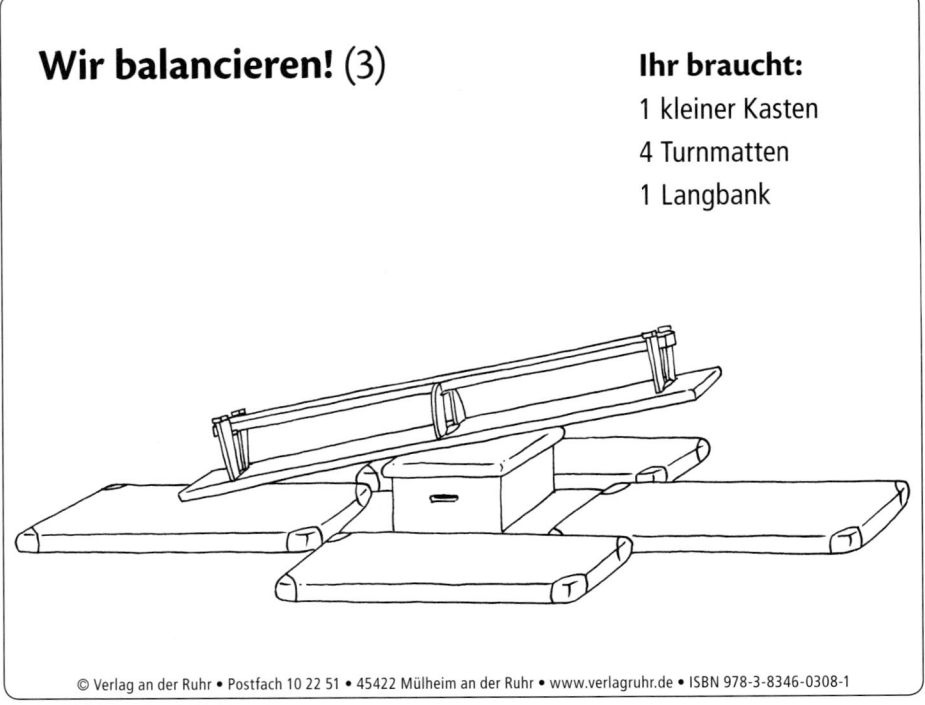

© Verlag an der Ruhr • Postfach 10 22 51 • 45422 Mülheim an der Ruhr • www.verlagruhr.de • ISBN 978-3-8346-0308-1

Wir balancieren! (4)

Ihr braucht:

6 – 8 Medizinbälle
4 Turnmatten
1 Weichbodenmatte

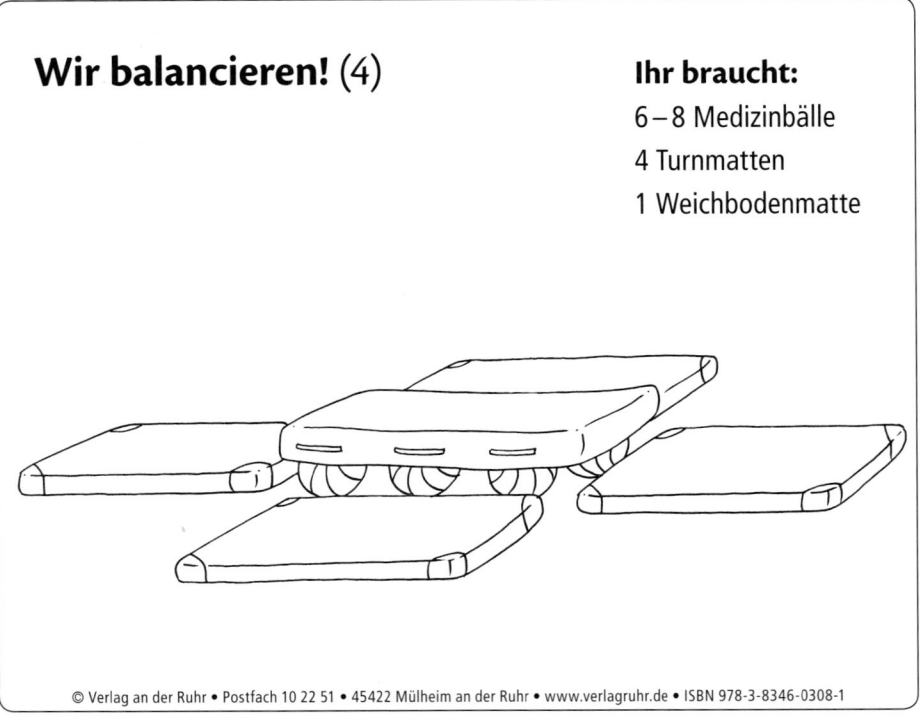

© Verlag an der Ruhr • Postfach 10 22 51 • 45422 Mülheim an der Ruhr • www.verlagruhr.de • ISBN 978-3-8346-0308-1

Rollbahnen (1)

Ihr braucht:
2 Sprungbretter
3 Turnmatten

© Verlag an der Ruhr • Postfach 10 22 51 • 45422 Mülheim an der Ruhr • www.verlagruhr.de • ISBN 978-3-8346-0308-1

Rollbahnen (2)

Ihr braucht:
1 Sprossenwand
2 Langbänke
1 Weichbodenmatte
4 Turnmatten

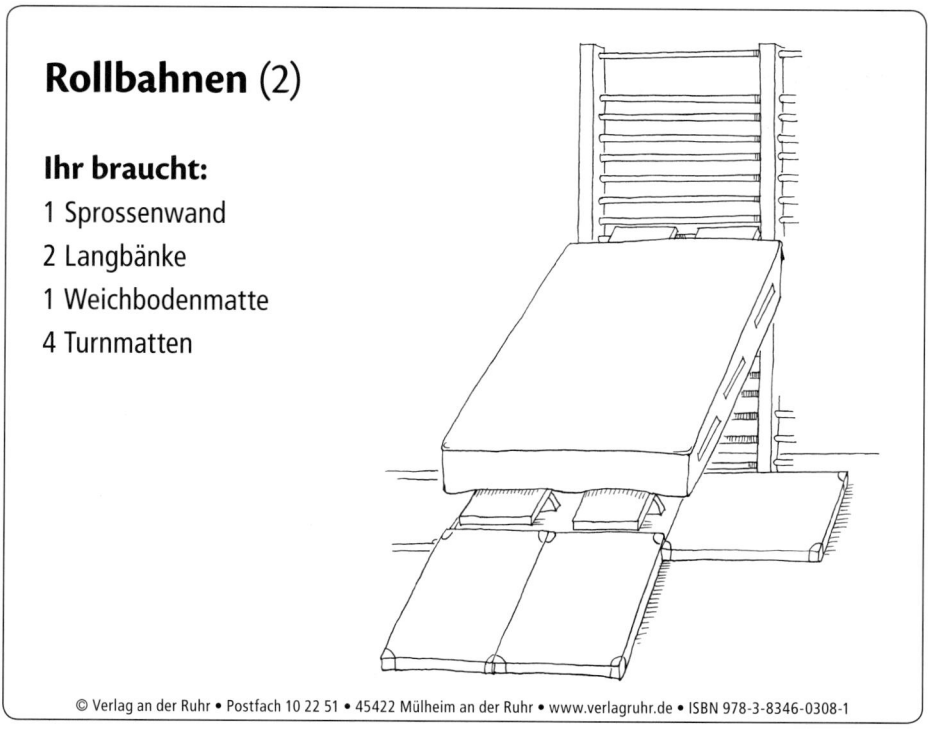

© Verlag an der Ruhr • Postfach 10 22 51 • 45422 Mülheim an der Ruhr • www.verlagruhr.de • ISBN 978-3-8346-0308-1

Mit Schwung herum! (1)

Ihr braucht:

1 Stufenbarren

3 Turnmatten

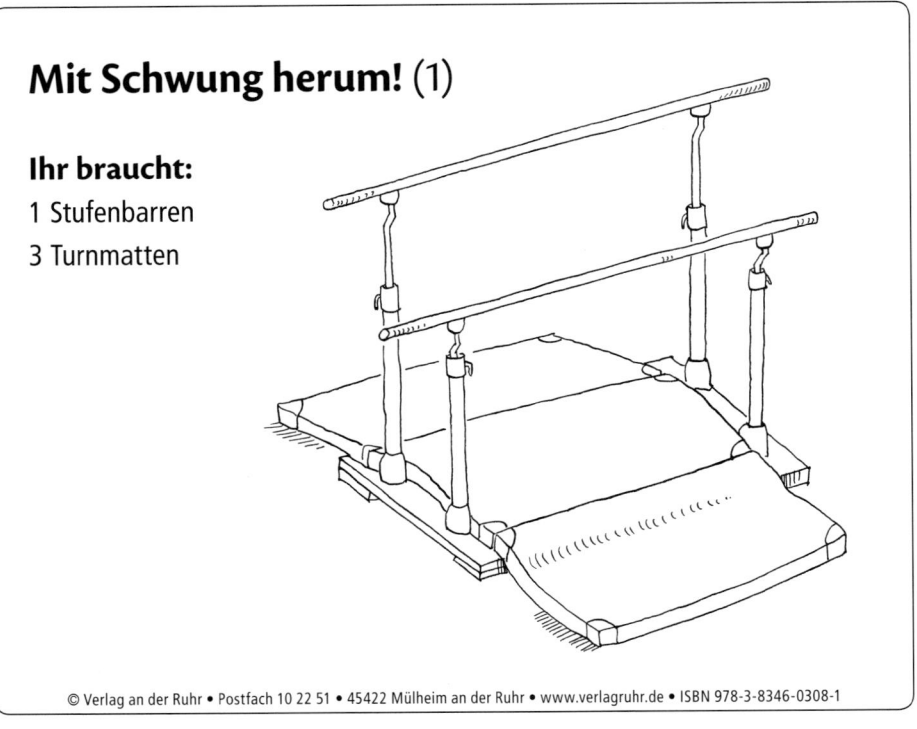

© Verlag an der Ruhr • Postfach 10 22 51 • 45422 Mülheim an der Ruhr • www.verlagruhr.de • ISBN 978-3-8346-0308-1

Mit Schwung herum! (2)

Ihr braucht:

1 Weichbodenmatte

1 Turnmatte

1 Paar Ringe

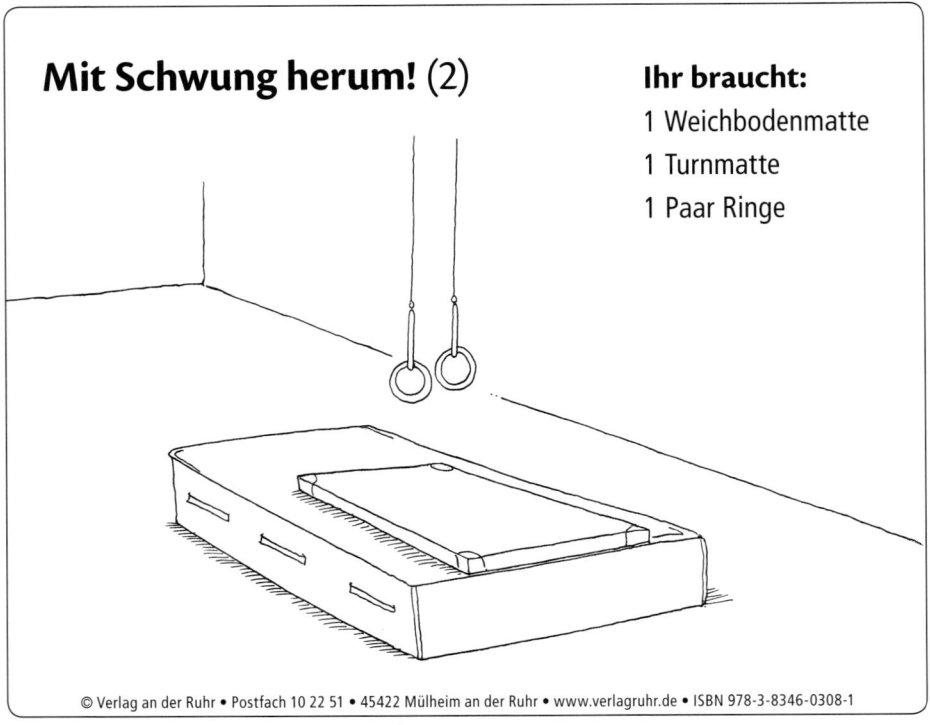

© Verlag an der Ruhr • Postfach 10 22 51 • 45422 Mülheim an der Ruhr • www.verlagruhr.de • ISBN 978-3-8346-0308-1

Viel Verkehr in unserer Stadt

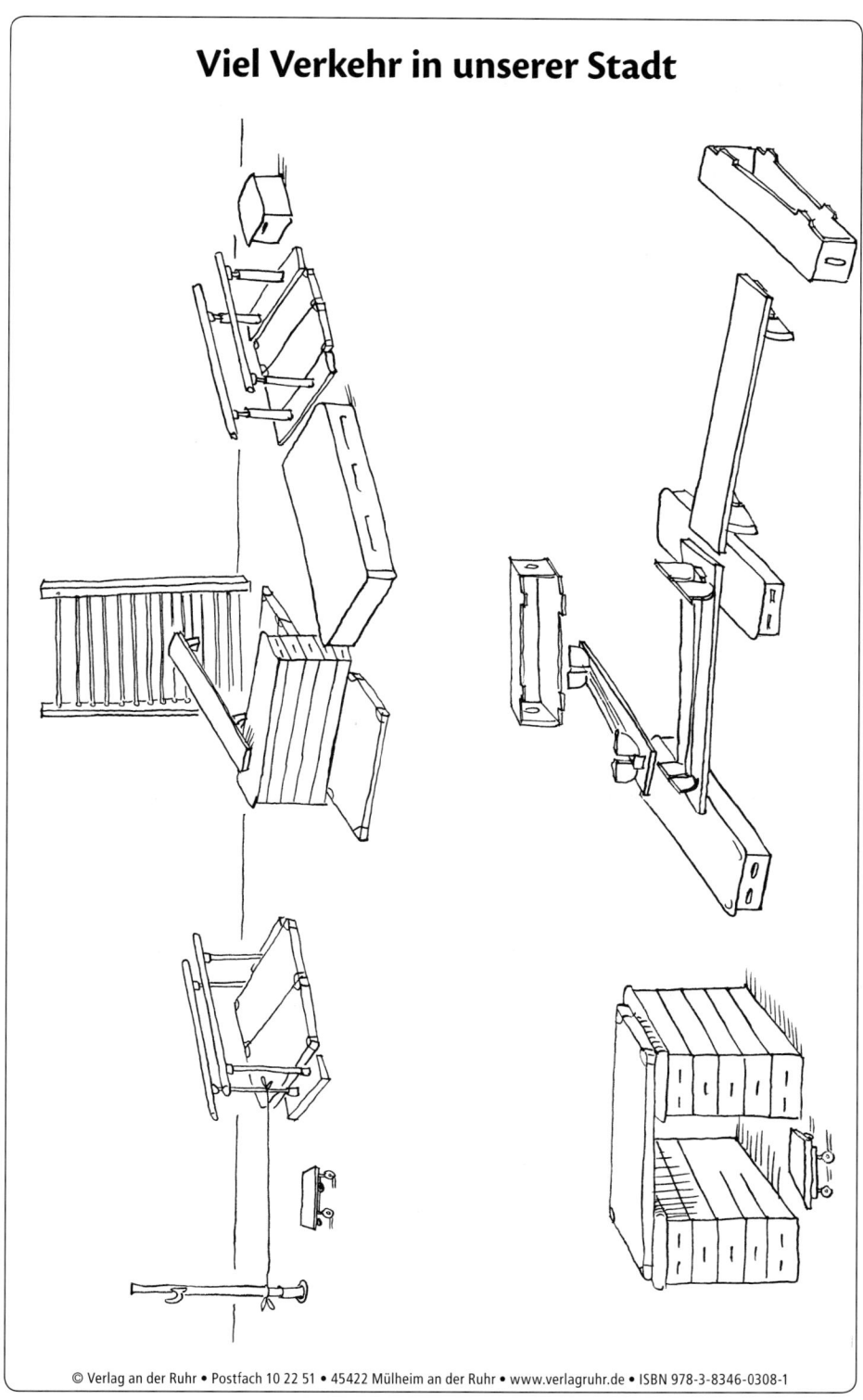

© Verlag an der Ruhr • Postfach 10 22 51 • 45422 Mülheim an der Ruhr • www.verlagruhr.de • ISBN 978-3-8346-0308-1

Dschungelgeschichten

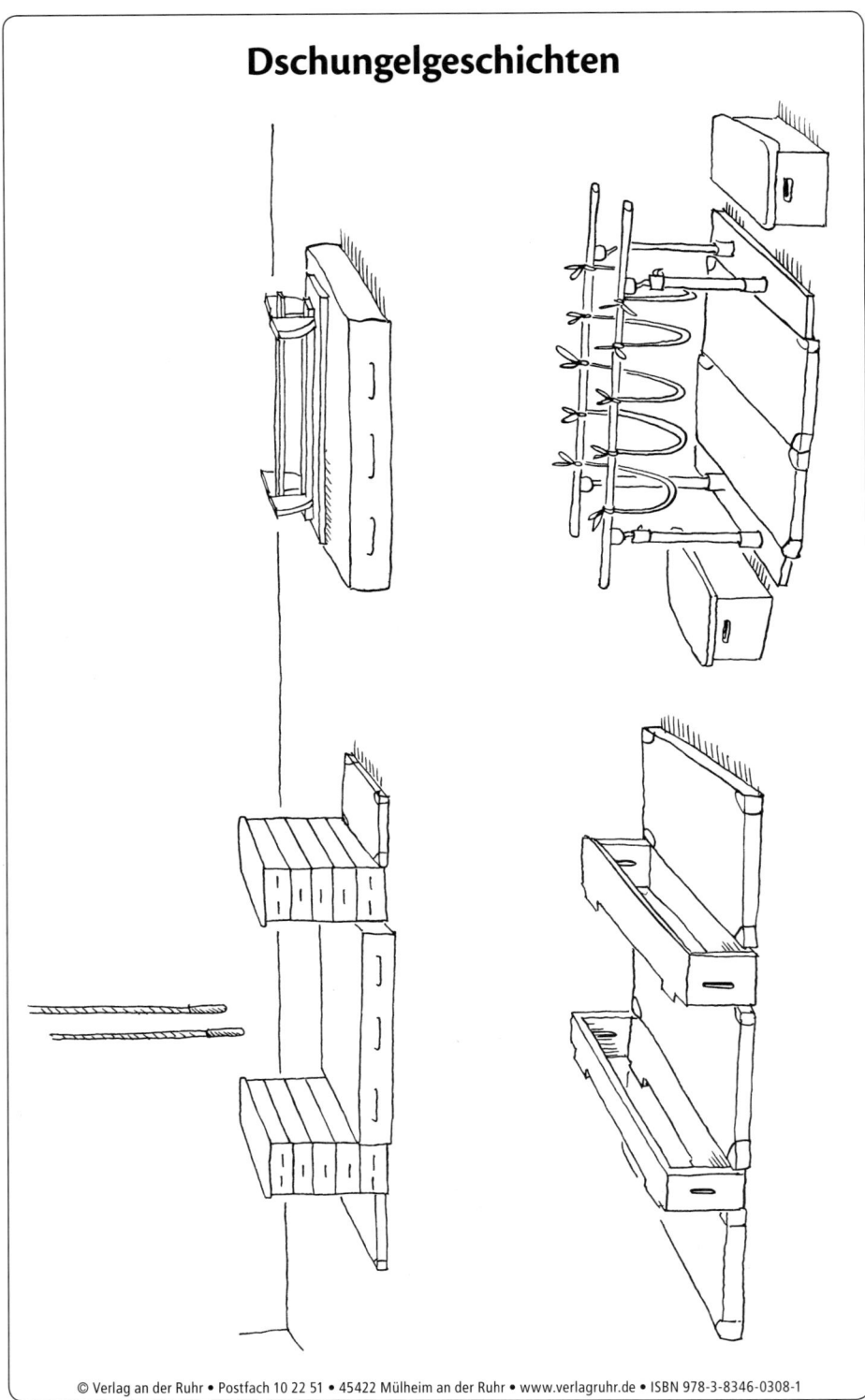

© Verlag an der Ruhr • Postfach 10 22 51 • 45422 Mülheim an der Ruhr • www.verlagruhr.de • ISBN 978-3-8346-0308-1

Auf dem Matterhorn

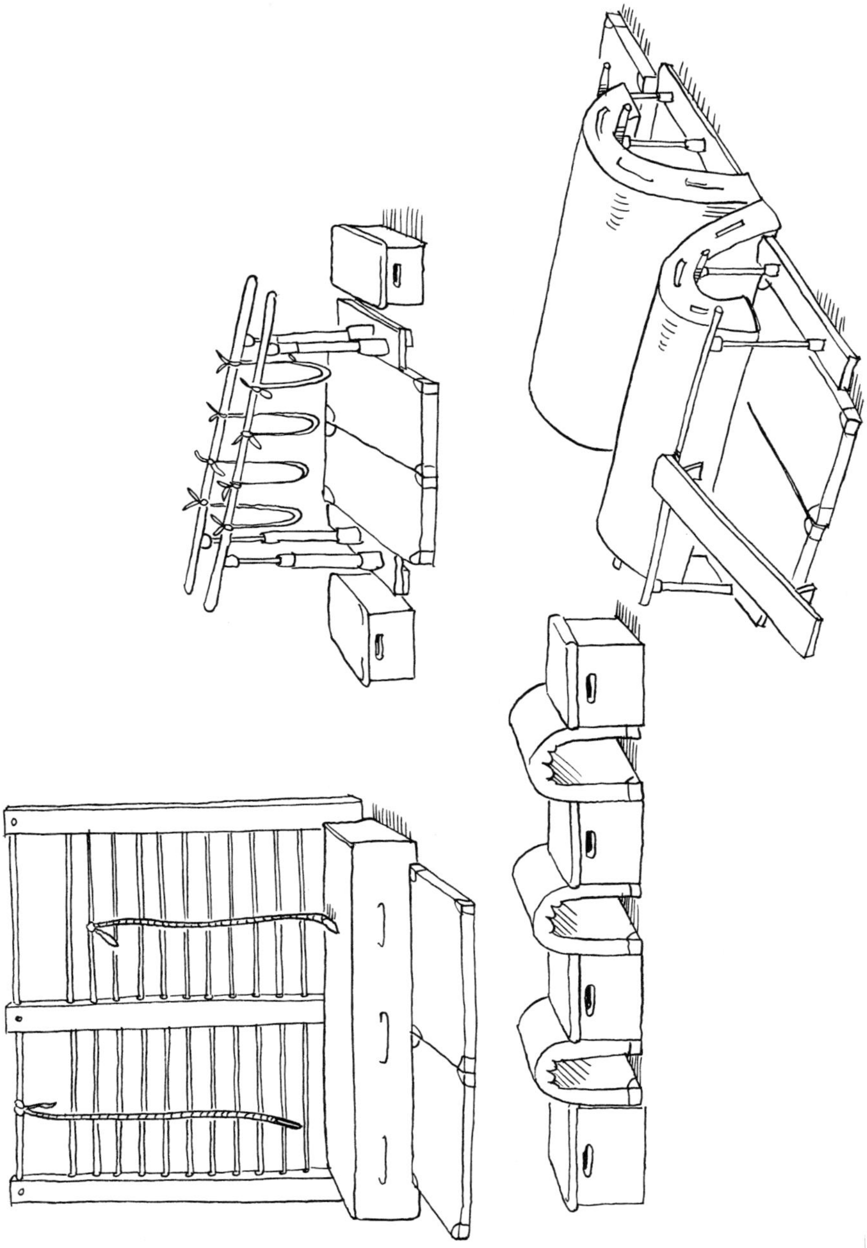

© Verlag an der Ruhr • Postfach 10 22 51 • 45422 Mülheim an der Ruhr • www.verlagruhr.de • ISBN 978-3-8346-0308-1

Tipps, Hinweise und Einstimmungs-geschichten zu den Gerätearrangements und Bewegungslandschaften

Hier wird geklettert! (s. S. 94/95)

Hier geht es vor allem darum, größere Hindernisse zu über-
klettern und zu übersteigen. Die Übungsangebote fördern
Kraft und Geschicklichkeit, erfordern aber auch Mut.
Deshalb bietet es sich an, die Kinder paarweise üben zu lassen.
Sie haben als Lehrkraft am ehesten die Übersicht, wenn Sie sich helfend
bei der „Sprossenwand-Brücke" aufhalten.

Wir springen hoch, höher, weit und weiter! (s. S. 96/97)

Bei den verschiedenen Kastenarrangements können die Schüler selbst ihre
Absprungtechnik finden und erproben.
Der Kastendeckel vor dem Minitrampolin dient dazu, den Einsprungwinkel flach
zu halten. Diese Erleichterung für die Kinder kann auch durch eine Langbank
ersetzt werden. Geübt wird hier das einbeinige Hineinspringen – das Landen mit
beiden Beinen – das Abspringen mit beiden Beinen.
Um die nötige Körperspannung zu erhalten, helfen einige Aufgabenstellungen:

- „Kannst du dich in der Luft ganz hoch strecken? –
  Mit deinen Fingerspitzen die Decke berühren?"
- „Können sich deine Knie und Knöchel in der
  Luft berühren?"
- „Kannst du mit deiner Nasenspitze
  zum Fenster/zur Wand zeigen?"

Aber ich kann nicht Sport doch gar unterrichten!

Mit viel Schwung voran! (s. S. 97/98)

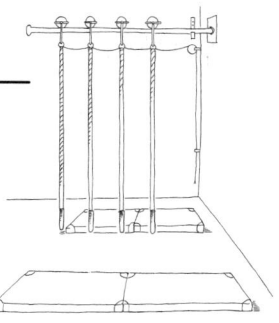

Beim Schwingen an Tauen und Ringen wird Kraft und Mut
verlangt. Geben Sie hier gesondert Hilfestellung, und lassen
Sie die Kinder sich gegenseitig dabei unterstützen.

Wir balancieren! (s. S. 99/100)

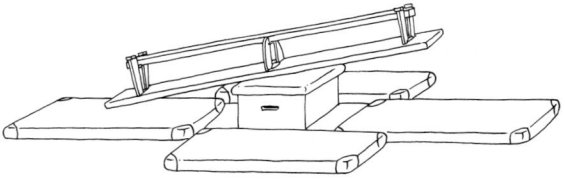

Die instabilen Balancierarran-
gements sind nicht ganz
ungefährlich! Machen Sie die
Kinder darauf aufmerksam,
und lassen Sie die Kinder in
Paaren üben. Überholen und Schubsen ist untersagt! Die Weichbodenmatte
auf Medizinbällen sollte mit Matten so abgesichert sein, dass sie nicht
davonrollen kann. Am meisten Mut erfordert es, über die wippende Bank
zu balancieren. Hier sollten Sie sich als Lehrkraft aufstellen.

Rollbahnen (s. S. 101)

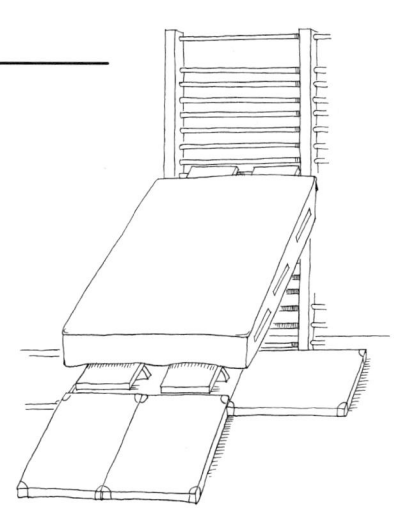

Bevor die Kinder das Überkopf-Rollen
probieren, sollten sie zunächst Erfahrung
beim Rollen um die Längsachse sammeln.
Den meisten Kindern ist die Rolle vorwärts
längst bekannt – vielleicht auch als „Purzelbaum". Achten Sie bitte dennoch darauf,
dass die Kinder über den Hinterkopf und
Nacken abrollen und nicht über Stirn und
Oberkopf.

Mit Schwung herum! (s. S. 102)

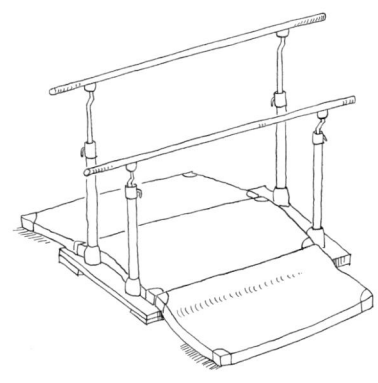

Während es früher auf fast jedem Spielplatz
Reckstangen gab, an denen man herumturnen
konnte, ist vielen Kindern im Grundschulalter
heute das Abrollen aus dem Stütz oder der
Felgaufschwung ungewohnt. Tipps, die die
Bewegung erleichtern:

- Körper an die Stange heranziehen, dabei die Arme beugen.
- Beim Umschwingen den Kontakt suchen zwischen Hüfte
  (Körperschwerpunkt) und Stange. Die Beine gestreckt lassen.

Viel Verkehr in unserer Stadt (s. S. 103)

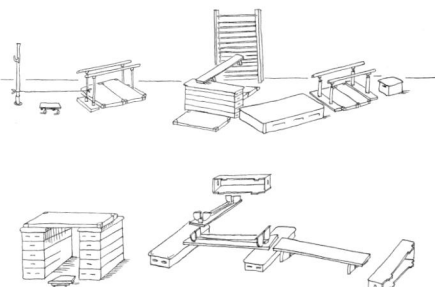

„Heute möchte ich euch zu einem
Besuch in meine Stadt Großdingelsheim
einladen – aber oje, heute ist wirklich
besonders viel Verkehr; hier ist ja fast
kein Durchkommen: Baustellen und
Einbahnstraßen. Lasst mal sehen, wie
wir da vorankommen."

- **Straßenbahn:** „Na, zum Glück haben wir ja die Straßenbahn."
  (Die Kinder setzen sich auf das Rollbrett und hangeln sich am Seil
  und an den Barrenholmen entlang zum Ziel.)
- **Hochbahn:** „Jetzt geht's hoch hinaus. Seht ihr unter euch
  die vielen Autos? Mit der Hochbahn geht's oben drüber."
  (Die Kinder klettern die Sprossenwand hoch, übersteigen Langbank
  und Kasten, springen in den Weichboden und hangeln sich
  im Stütz über den Barren.)
- **Tunnelbau:** „In unserer Stadt gibt es genügend Tunnel,
  um voranzukommen."

(Die Kinder durchkriechen das Kastenteil, ziehen sich in Bauchlage die Langbank hoch, balancieren über die zweite und die dritte Langbank oder kriechen darunter durch und Durchkriechen das Kastenteil.)

🐌 **Tunnel:** „Nehmt die Straßenbahn und fahrt unten durch."
(Die Kinder unterqueren mit dem Rollbrett die Brücke.)

Dschungelgeschichten (s. S. 104)

„Heute lade ich euch auf eine besonders spannende Reise in den Dschungel ein. Seid ihr bereit? Seid ihr mutig genug? Dann kann's losgehen!"

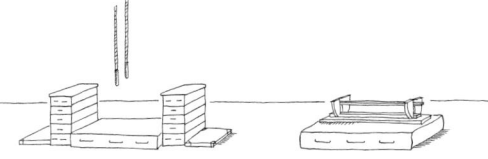

🐌 „Das fängt ja gut an: Ein breiter Fluss mit Krokodilen liegt vor uns, könnt ihr euch mit den Lianen darüberschwingen?

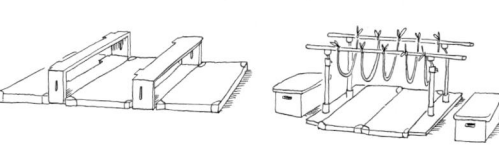

🐌 Damit noch nicht genug, am Ende des Lianenwaldes ist eine tiefe Schlucht – ihr müsst euch ins Wasser fallen lassen und an Land schwimmen.

🐌 Der Boden am anderen Ufer ist schlammig, moorig und instabil – unsere Brücke wackelt ganz schön – kommt ihr sicher hinüber?

🐌 Der Weg führt weiter durch eine tiefe Höhle. Klettert hindurch.

🐌 Kurz vor dem Ziel müssen wir nochmals eine tiefe Schlucht überqueren, gefährliche Raubtiere lagern darunter. Hangelt euch über unsere Wackelbrücke."

Auf dem Matterhorn (s. S. 105)

„Heute möchte ich euch zu einer echten
Gebirgstour einladen. Wir klettern auf
den schönsten Berg der Schweiz:
auf das Matterhorn. Habt ihr euren
Rucksack gepackt? Seid ihr bereit?"

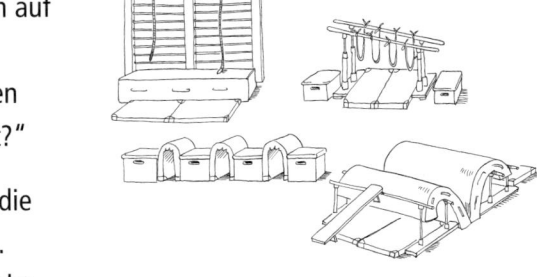

- ⚓ „Dann lasst uns als Erstes die
  steile Felswand erklimmen.
- ⚓ Hoch über der Felsenschlucht
  eines Wasserfalles ist die Wackelbrücke. Überquert die Schlucht,
  aber fallt nicht hinein!
- ⚓ Jetzt geht's nochmals steil bergan, über die Schneefelder
  können wir rutschen. Klettert vorsichtig wieder hoch.
  Achtung: Lawinengefahr!
- ⚓ Gleich sind wir am Ziel, krabbelt nur noch über die Schneeschlucht."

Laufen, springen, werfen

Laufen, springen, werfen

Was auf den ersten Blick einfach und banal aussieht – schließlich kann doch jedes Kind laufen, springen und werfen – ist es nicht wirklich. Gerne möchte ich diesen Basiskompetenzen, die in den sportlichen Bereich der Leichtathletik münden, ein eigenes Kapitel widmen. Der Grund dafür liegt in den Erfahrungen meiner langen Schulpraxiszeit, die nicht immer gut waren. Nach wie vor beliebt ist es an unseren Schulen, in den Sommermonaten Bundesjugendspiele durchzuführen.

Dem spricht nichts entgegen, denn:

- Grundschulkinder strengen sich gerne an und vergleichen sich auch gern.
- Wettbewerbe spornen an.
- Eine Urkunde zu erwerben, macht stolz.
- Besonders Kinder, die sonst wenig mit schulischen Erfolgen auftrumpfen können, haben häufig auf dem sportlichen Sektor die Chance, sich zu beweisen.

Ärgerlich aber stimmte es mich stets, zu beobachten, wie schlecht die Kinder darauf vorbereitet waren. Schreiben Sie Diktate und Mathematikarbeiten ohne gründliche Vorbereitung? Gewiss nicht! Ebenso wichtig ist es, das Laufen, Springen und Werfen zu üben, bevor ich ein Kind in den Wettbewerb schicke.

Es ist ein wunderbares Gefühl, Kindergesichter zu beobachten, wenn sie nach einer Übungsphase ein Stückchen weiter springen oder werfen oder ein Quäntchen schneller geworden sind.

Übungen und Spielformen, um Lauftechniken bewusst zu machen

Wir gehen in den Zoo

Ablauf:
Welche Tiere sehen wir da? (Elefant, Pferd, Gepard, Schlange …)
Die Kinder ahmen die verschiedenen Fortbewegungsarten nach.

Variante:
Im Geschichtenland: Die Kinder ahmen
Riesen und Zwerge, Feen und fliegende
Einhörner, Roboter und Sausemäuse,
Rückwärtsläufer und Einbeinspringer nach.

Wortfeld „gehen"

Im Deutschunterricht werden alle Begriffe, die unter den Oberbegriff fallen,
gesammelt und auf Kärtchen geschrieben, z.B. wandern, schlendern, stolzieren,
latschen, sausen, rennen, sprinten …

Ablauf:
Stellen Sie sich so im Raum auf, dass Sie von allen Kindern gut gesehen werden
können, und halten Sie die Wortkarten hoch. Die Kinder bewegen sich entsprechend dem optischen Signal. Es schließt sich die Reflexionsfrage an:
Bei welchem Begriff wart ihr besonders schnell?

Zugfahrt

Ablauf:
Die Kinder laufen in kleinen Gruppen hintereinander durch den Raum.
Bei einem akustischen Signal überholt der letzte Wagon den Zug
und wird zum neuen Zugführer.

Variante:
Es werden Bahnhöfe in der Halle eingeplant, die mit Pylonen gekennzeichnet
sind. Bei Bedarf steigt ein Kind aus dem Zug aus und darf sich an einem
anderen Zug wieder anhängen.

4-Ecken-Laufen

Ablauf:
Die 4 Ecken der Halle werden farblich mit einem roten, gelben, grünen
und blauen Pylon gekennzeichnet. Die Kinder laufen im Raum umher.
Auf Ihr akustisches Signal, z.B. „blau", sausen alle Kinder so schnell
wie möglich in die blaue Ecke.

Atome

Ablauf:
Im Raum sind so viele Pylone aufgestellt, wie es Kinder gibt.
Die Kinder laufen durch den Raum. Nach Ihrem akustischen
Signal zeigen Sie mit Ihren Fingern
eine bestimmte Zahl: So viele Kinder
dürfen an einem Pylon parken.

Laufquatschen

Ablauf:

In der Halle (oder im Freigelände) ist eine große Laufrunde markiert.

Die Kinder suchen sich einen Partner, mit dem sie möglichst lange ausdauernd laufen – und sich dabei witzige Geschichten erzählen.

Wer während des Laufens sprechen kann, versetzt seinen Körper nicht in einen anaeroben Zustand (ohne Sauerstoff). Das heißt, das Sich-unterhalten-können ist der Indikator für den angemessenen Grad der Anstrengung und hilft, die Atmung anzupassen.

- „Schafft ihr heute 2 Runden?"
- „Wer schafft heute eine Runde mehr als letztes Mal?"
- „Wie viele Geschichten könnt ihr euch laufend erzählen, ohne außer Atem zu kommen?"

Variante:

Legen Sie ein Zeitfenster fest:

- „Heute laufen wir 1 Minute am Stück."
- „Schaffen wir heute 2 Minuten?"

Hindernislaufen

Ablauf:

Stellen Sie den Kindern eine Vielzahl an Kleingeräten zur Verfügung: Slalomstangen, Pylone, Reifen usw. Die Kinder stellen nun selbst einen Lauf-parcours zusammen, der verschiedene Laufrhythmen und Richtungswechsel vorgibt.

Variante:

Auf Ihr akustisches Zeichen verändern die Kinder ihr Lauftempo: steigern – verlangsamen – steigern usw.

Geländelauf

Ablauf:

Gehen Sie das Gelände in Schulnähe ab. Beachten Sie Gefahrenstellen und wechselnde Geländeformen. Machen Sie die Kinder im Vorfeld darauf aufmerksam. „Schaffen wir den Geländelauf gemeinsam, ohne ein Päuschen einlegen zu müssen?"

Tipp: 5 Minuten sollten für den Anfang reichen!

Raumgewöhnung

Ablauf:

- Das Laufen auf einer Tartanbahn fühlt sich ganz anders an als das Laufen in der Halle. Gemeinsam mit den Kindern sollten Sie deshalb zunächst die 50-m-Bahn abgehen.
- An die Trennungslinien gewöhnen: 5 Kinder sausen um die Wette. Jedes Kind läuft aber auf einer Trennungslinie.
- Viele Kinder wenden schon intuitiv richtige Lauftechniken an. Thematisieren Sie die Frage „Wie laufe ich am schnellsten?" anhand von Schülerbeispielen.

Tipp: So ist es richtig:
- Laufen auf dem Fußballen
- Arme seitlich leicht angewinkelt
- Knie kraftvoll vorne hochziehen

Üben des Tiefstartes – Tag-Nacht-Spiel

Vorbereitung:

Die Kinder werden in 2 Gruppen eingeteilt. Sie sitzen in Startposition an der gemeinsamen Mittellinie des Spielfeldes und wenden sich dabei den Rücken zu. Ein Team heißt „Weiß", ein Team heißt „Schwarz".

Ablauf:

Sie geben das Startzeichen:

🔔 **„Auf die Plätze!"**

Hockstellung, ein Knie hat Bodenkontakt. Die Finger sind nach außen gedreht, der Daumen schaut nach innen.

🔔 **„Fertig!"**

Das Knie löst sich vom Boden. „Stellt euch vor, ihr steht auf einer Metallfeder, die euch nach vorn katapultiert."

🔔 Anstatt „Los" rufen Sie: **„Weiß!"**

Nun saust das weiße Team los und versucht, hinter die Grundlinie zu gelangen. Das Team Schwarz dreht sich blitzschnell um und versucht, jemanden des Weiß-Teams zu fangen.

Wer gefangen wurde, wechselt die Seiten.

Übungen und Spielformen, um das Springen zu üben

Gewöhnung

Ablauf:

Bieten Sie den Kindern eine Vielzahl an Geräten an: Reifen, Pylone, Bänke, Kastenteile, Kästen, Hüpfbälle, Pappkartons usw.

Bitten Sie die Schüler nun, aus all diesen Materialien einen Sprungparcours für Hunde auf dem Dressurplatz zusammenzustellen.

Die Kinder probieren aus, verändern, variieren.

Spring-ins-Feld

Vorbereitung:

In der Halle oder auf dem Freifeld sind Stationen mit Sprungbahnen aufgebaut. Die Hindernisse liegen jeweils hintereinander in gleichmäßigem Abstand. Mögliche Hindernisse sind: Pylone, Kästen, Teppichfliesen, Reifen, Medizinbälle oder Langbänke.

Ablauf:

Die Kinder erproben die Möglichkeiten, die Hindernisse gleichmäßig zu überwinden. Vorher zu klären sind folgende Fragen:

- Springe ich immer mit demselben Bein ab oder wechsle ich?
- Was ist mir angenehmer?
- Habe ich eine „Schokoladenseite"? – Das ist mein stärkeres Bein!
- Wie komme ich noch weiter? Höher?
- Was kann ich mit meinen Armen dabei tun?

Ziel der Übung ist es, das richtige Absprungbein herauszufinden.

Hahnenkampf

Ablauf:

Die Kinder üben zu zweit. Sie haben die Arme vor dem Körper verschränkt und dürfen nur auf einem Bein hüpfen. Wer bringt seinen Partner als Erstes durch kontrolliertes Anrempeln aus dem Gleichgewicht?

Wir üben den einbeinigen Absprung

Vorbereitung:

Es werden mehrere Sprungstationen aufgebaut (vgl. Skizze unten).

Ablauf:

Die Kinder probieren aus: „Wer kann ein Kunststückchen machen?"
(rückwärts springen, sich dabei drehen, wie ein Pferdchen springen usw.)

- „Könnt ihr überall mit eurem Lieblingsbein abspringen?"
- „Könnt ihr ganz weit springen?"
- „Könnt ihr auf beiden Beinen / auf allen Vieren landen?"

Tipp: Die letzte Aufgabe dient dazu, den Körperschwerpunkt nach vorne zu bringen, sodass die Kinder beim Weitsprung nicht auf dem Po landen.

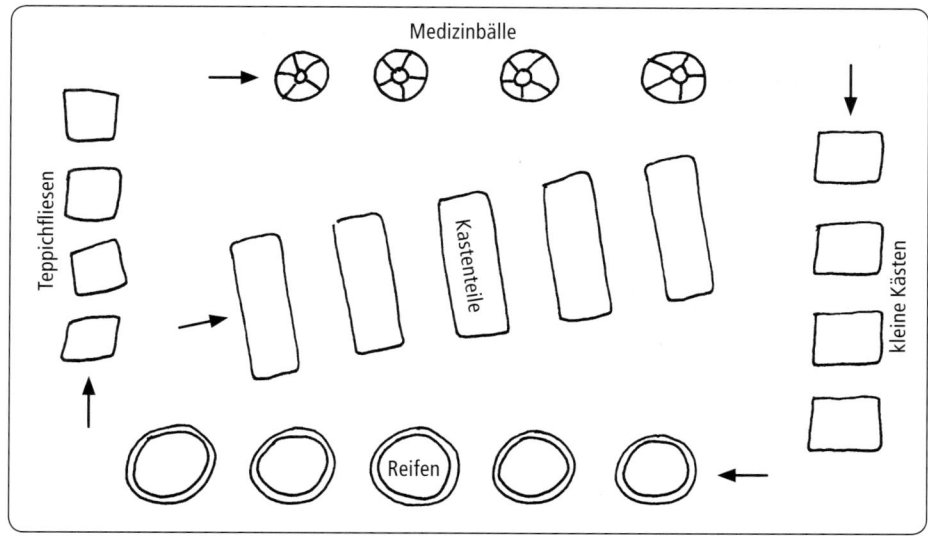

Ab in die Sandkiste

Ablauf:

Bevor nun die erlernten Techniken in der Weitsprunganlage geübt werden, machen Sie die Kinder mit den Absprungzonen vertraut!

- 🐚 Mit Sprungseilen werden im Sandkasten Zonen gekennzeichnet.
- 🐚 Wer schafft den Sprung bis zur zweiten Zone?

Übungen und Spielformen, um das Werfen mit dem Schlagball zu üben

Auf dem Jahrmarkt

Vorbereitung:

In der Halle sind verschiedene Wurfstationen aufgebaut, denn heute sind wir auf dem Jahrmarkt!

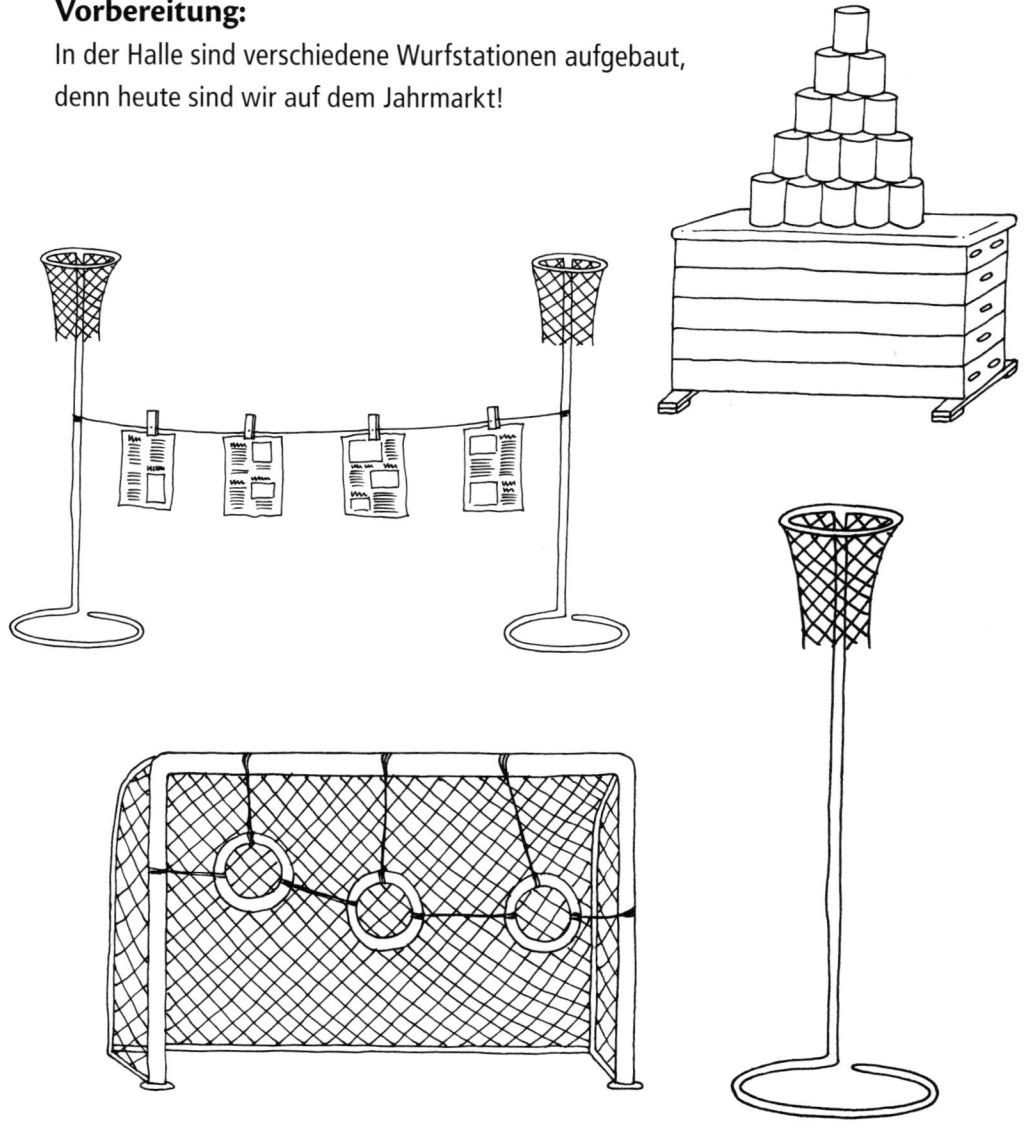

Die richtige Grundposition

Ablauf:

- 3-Punkt-Fingerhaltung
- Ellbogen weg vom Körper
- offene Schrittstellung mit Gegenbein zum Wurfarm vorne
- ausholende Wurfhand
- Punkt in der Luft fixieren, z.B. eine Baumspitze

Nach diesen Vorübungen und Spielen sind sicher auch Ihre Schüler – und Sie selbst – auf die Bundesjugendspiele vorbereitet. Und sollten dieses Jahr keine an Ihrer Schule stattfinden, so erfinden Sie einfach selbst mit Ihren Schülern einen kleinen Vergleichskampf. Eine **Mitmach-Urkunde** (s. S. 123) für jeden versteht sich von selbst!

URKUNDE

_____
(Name des Kindes)

hat erfolgreich an der Sommerolympiade

„Leichtathletik – 3-Kampf"

der _____
(Name der Schule)

teilgenommen und

_____ **Punkte**

erreicht.

Herzlichen Glückwunsch!

_____
Unterschrift

© Verlag an der Ruhr • Postfach 10 22 51 • 45422 Mülheim an der Ruhr • www.verlagruhr.de • ISBN 978-3-8346-0308-1

Aber ich kann doch gar
nicht Sport unterrichten!

Kapitel 7

Die Not mit den Noten

Die Not mit den Noten

Kann mir eine individuelle Bewegungsdiagnostik aus diesem Dilemma helfen?

Sport, Bewegung und Spiel sind ein wichtiges Element unserer schulischen Erziehung. Verankert man Bewegung als didaktisches Prinzip an der Schule, nimmt es Einfluss auch in anderen Lernbereichen. An meiner Schule ist Bewegung eine tragende didaktische Säule unseres schulischen Alltags.

Wir erhoffen uns, über viele Bewegungsangebote eine Verbesserung des Lern- und Arbeitsverhaltens sowie der sozialen Kompetenzen zu erreichen. Weil wir davon überzeugt sind, dass Bewegung gesundheitsfördernd ist, ist es uns ein Anliegen, Kinder auch lebenslang für Bewegung und Sport zu begeistern. Will ich diese Begeisterung aufrechterhalten, muss ich mir klar vor Augen führen, was kontraproduktiv für lebenslange Sportbegeisterung ist. Hier habe ich eine Hitliste für „Motivationskiller" für den Sport- und Bewegungsunterricht zusammengestellt:

- keine klaren Strukturen und Regeln im Sportunterricht
- einseitige Bewegungsaufgaben – wenig inhaltliche Abwechslung
- wenig Exploration – nur die Lehrkraft bestimmt die Inhalte
- wenig effektive Bewegungszeit: lange Wartezeiten an Geräten oder Spielpausen
- Über- oder Unterforderung – mangelnde Differenzierung
- Noten im Sportunterricht

Eine schlechte Note im Fach Sport oder im Fächerverbund „Bewegung, Sport und Spiel" wird zum Motivationskiller, wenn

- die Transparenz der Notengebung fehlt,
- nur Leistungsnoten gemacht werden,
- sich die Benotung ausschließlich auf Ergebnisse der üblichen Sportarten – Turnen, Leichtathletik, Spielen, Schwimmen usw. – bezieht.

Wenn in unseren Bildungsplänen ausdrücklich betont wird,

- dass über die Bewegung den Kindern der Zugang zur Welt geöffnet und zu deren Wohlbefinden beigetragen wird,
- dass physiologische Reize gesetzt und koordinative Fähigkeiten geschult werden,
- dass Kinder vielfältige Erfahrungen sammeln sollen und ein breites Bewegungsrepertoire erwerben,
- dass ein Schwerpunkt im „Miteinander, Füreinander, Gegeneinander und Voneinander" liegt,
- und der Könnenszuwachs zur Persönlichkeitsentwicklung beiträgt,

so ergibt sich implizit die Forderung nach einem Überdenken der Zusammensetzung unserer Sportnoten: Nicht (ausschließlich) die Leistung, gemessen an standardisierten Punktetabellen, darf die Note im Sportunterricht ausmachen, sondern genauso schwer wiegt der **prozessorientierte individuelle Leistungszuwachs** des einzelnen Kindes.

Es geht nicht mehr darum, ob das Kind nach einer Unterrichtseinheit das von mir formulierte Ziel in einer bestimmten Qualität erreicht hat, sondern darum, ob sich vom Zeitpunkt A (vor der Übungsphase) zum Zeitpunkt B (nach der Übungsphase) eine Qualitätsverbesserung eingestellt hat. Es geht darum, die Stärken bei einem Kind zu finden, und nicht darum, seine Schwächen herauszustreichen. Es geht also darum, ihm zu zeigen, was es schon alles kann, und ihm Wege anzubieten, seine individuellen Möglichkeiten auszubauen.

Um diese herauszufinden, muss ich im Unterricht beobachten und Informationen über die Qualität der Bewegung sammeln. Die Ergebnisse geben mir Auskunft über den **Qualitätszuwachs** und über eventuelle weitere **Förder-** oder **Differenzierungsmaßnahmen**. Diese Form der Leistungsmessung orientiert sich an den Lernstandsdiagnosen, die auch in anderen Fächern (z.B. Deutsch und Mathematik) üblich sind: Und ich glaube, dass dieses Vorgehen besonders fachfremd unterrichtende Lehrkräfte anspricht, weil sie für diagnostische Beobachtung bereits ein geschultes Auge entwickelt haben. Auf den Seiten 129–132 stelle ich einige Beobachtungsbögen vor, die sich an unseren Spiel- und Übungsvorschlägen der vorangegangenen Kapitel orientieren.

Wie setzte ich diese Beobachtungsbögen sinnvoll ein?

Die Beobachtungsbögen greifen einzelne Bewegungskompetenzen auf. Sie sind so verfasst, dass Aufzeichnungen sowohl einmalig als auch, prozessorientiert, zweimalig gemacht werden können. Gehe ich den prozessorientierten Weg, kann ich Leistungsverbesserungen, aber auch Entwicklungsbereiche der Kinder herauslesen. Am Beispiel „Ball werfen" (S. 129) kann man gut erkennen, dass ich nicht in einer einzelnen Sportstunde für alle Kinder Aufzeichnungen machen muss, sondern dass ich in unterschiedlichen Spielsituationen einzelne Kinder beobachten kann. Sind die Kinder in Bewegungslandschaften beschäftigt, kann ich mich als Lehrkraft zurücknehmen und entspannter in die Beobachter-haltung schlüpfen.

Für den einen oder anderen Kollegen mag diese Form der Bewegungsdiagnose fremd sein. Aus eigener Erfahrung kenne ich selbst noch die Situation: Lernziel-kontrolle im Sportunterricht: Ein Kind turnt eine Übung vor, alle schauen zu, und der Lehrer macht dabei seine Aufzeichnungen. In unserem Beispiel dagegen, bewegen sich die Kinder ohne „Prüfungsdruck" und die Lehrkraft kommt den-noch zu einer aussagekräftigen bewegungsdiagnostisch orientierten Lernziel-kontrolle, die man auch sehr gut bei Elternberatungen zu Grunde legen kann. Natürlich spricht nichts dagegen, die Note auf einer Art „Mischkalkulation" zu gestalten:

- Ergebnisse der Beobachtungsbögen
- Leistungsmessung mit Hilfe von standardisierten Punktetabellen

Beides wird dann in einer angemessenen Form miteinander verrechnet.

Klasse: _____   Thema: „Ball werfen"

Bewegungsqualität: ⟡ / ⟡⟡ gut bis sehr gut ausgeprägt
○ ausgeprägt
▯ weniger ausgeprägt

Name	Datum	Kriterium: Antizipation ○ vorausschauend ○ umsichtig	Kriterium: Bewegungsfluss ○ runde, fließende Bewegungen ○ Arme u. Beine gut koordiniert	Kriterium: Treffsicherheit ○ gutes Zeitgefühl ○ angemessener Krafteinsatz ○ Ziel getroffen	Spielformen
	1.				
	2.				

© Verlag an der Ruhr • Postfach 10 22 51 • 45422 Mülheim an der Ruhr • www.verlagruhr.de • ISBN 978-3-8346-0308-1

Klasse: _____ Thema: „Gleichgewichtstest"

Bewegungsqualität: ✢ / ✢✢ gut bis sehr gut ausgeprägt
○ ausgeprägt
▯ weniger ausgeprägt

Name	Datum		Übungen	Übungen	Übungen	Übungen
			o über einen wackelnden Kastendeckel gehen	o über eine um-gedrehte Langbank balancieren	o über eine wippende Langbank balancieren	
	1.	2.				

© Verlag an der Ruhr • Postfach 10 22 51 • 45422 Mülheim an der Ruhr • www.verlagruhr.de • ISBN 978-3-8346-0308-1

Klasse: _____ Thema: „Seilspringen"

Bewegungsqualität: ✛ / ✛✛ gut bis sehr gut ausgeprägt
○ ausgeprägt
◻ weniger ausgeprägt

Name	Datum	Kriterium: **Körperhaltung** ○ aufrecht ○ Beine gestreckt ○ Schwung aus dem Handgelenk	Kriterium: **Bewegungsrhythmus** ○ runde, fließende Bewegungen ○ Arme u. Beine gut koordiniert	Kriterium: **Bewegungsfluss** ○ leichtfüßig ○ kraftsparend	Kriterium: **Bewegungsdynamik** ○ schnell ○ Technikwechsel ○ Schwierigkeitsgrad
	1.				
	2.				

© Verlag an der Ruhr • Postfach 10 22 51 • 45422 Mülheim an der Ruhr • www.verlagruhr.de • ISBN 978-3-8346-0308-1

Klasse: _____

Thema: „Im Geländegarten"

Bewegungsqualität:
- ⇧⇧ schnelle, fließende, geschmeidige Bewegung
- ⇧ souverän in der Ausführung
- ○ sicherer, versucht es meist allein
- ▯ unsicher, mangelnde Körperspannung

Name	Datum		Felgen	Schwingen	Klettern	Rollen	sachgemäßer Aufbau und Sicherung	kann Geräte benennen und hat Ideen beim Aufbau	gibt korrekte Hilfestellung
	1.	2.	○ Felgabzug (Rolle vorwärts) am Barrenholm	○ Tau über Wassergraben	○ Sprossenwand hochklettern	○ Rolle vorwärts über schiefe Ebene			

© Verlag an der Ruhr • Postfach 10 22 51 • 45422 Mülheim an der Ruhr • www.verlagruhr.de • ISBN 978-3-8346-0308-1

Kapitel 8

Es bewegt sich was
im Klassenzimmer

Es bewegt sich was im Klassenzimmer

Studien bringen es an den Tag: Lernen und Bewegung unterstützen sich gegenseitig. Wenn auditive, optische und kinästhetische Reize gekoppelt werden, führt dies zu einer nachhaltigeren Verankerung des Gelernten. Deshalb ist es sinnvoll, Bewegung als didaktisches Prinzip im Unterricht, wenn möglich im Schulalltag, zu verankern. Die Möglichkeiten sind vielfältig.

In diesem Kapitel möchte ich nur eine kleine Auswahl an Ideen anbieten, wie Unterricht und Schule bewegter und gleichzeitig entspannter für unsere Kinder erfolgen kann.

Organisation im Klassenzimmer

- Wechseln Sie häufiger die Sozialform: Nach 30 Minuten am Tisch setzt sich die Klasse im Kreis auf den Boden oder im Sitzkino vor die Tafel.
- Bieten Sie Ihrer Klasse 2–3 Petzibälle als Sitzmöbel an. Nach einer Unterrichtssequenz wandert der Ball um einen Platz weiter.
- Haben Sie noch Platz für ein Stehpult? Bei ruhigen Schreibaufgaben darf auch einmal ein Kind im Stehen schreiben.
  Tipp: Damit es keine Streitereien um das eine Stehpult gibt, hänge ich eine „Eintrittskarte" dafür an die Tafel. Wer die Eintrittskarte löst, schreibt seinen Namen an, so behalte ich den Überblick, wer schon am Pult war und wer noch Anspruch darauf hat.
- Arbeitsblätter teile ich nie selbst aus! Sie liegen in bunten Kunststoffbehältern zur Abholung bereit. Sollen alle Kinder dasselbe Blatt holen, mache ich 3 Stapel und lege sie verteilt im Raum aus.
- Leseübungen können überall im Raum stattfinden: In den Kissen der Leseecke, liegend im freien Raum, versteckt unter der Bank.
- Gesungen wird immer im Stehen. Haben Sie Lust, dazu zu tanzen?

Bewegte Mathematik

Wandaufgaben

Die Rechnungen sind an den Wänden des Klassenzimmers aufgehängt. Die Kinder gehen dort hin, prägen sich die Aufgabe ein, rechnen sie aber am Platz.

Kopfrechnen-Jogging

Alle Kinder gehen / laufen am Ort. Sie stellen den Kindern dabei eine Kettenaufgabe. Die Kinder rechnen im Kopf mit. Wird die Zahl 20 erreicht, muss man stocksteif stehen bleiben.

Zahlenreihen-Buzz

Die Kinder stehen im Raum. Heute wird zunächst die 4er-Reihe geübt.
Ein Kind beginnt zu zählen. Es geht reihum weiter. Wer eine 4er-Zahl sagen muss, ruft „buzz" und geht in die Hocke. Wer eine Zahl mit 4 (z.B. 14) sagen muss, bleibt auf einem Bein stehen.

Geometrische Formen

Die Kinder dürfen ihre Formen
(z.B. Dreieck, Viereck usw.) mit
Seilen auf dem Boden auslegen.
Nun balancieren sie über die Form,
mit geschlossenen Augen!

Aber ich kann
nicht Sport

doch gar
unterrichten!

Bewegter Deutschunterricht

Schleichdiktat

Der Diktattext wird in Satzschnipsel zerlegt. Die Reihenfolge ist richtig durchnummeriert. Die Kinder schleichen von Textteil zu Textteil, merken sich den Text und schreiben ihn an ihrem Platz ins Heft.

Geschichtenlesen mit City-Roller oder Rollbrett

Die Sonne scheint. Das Wetter ist schön! Nichts wie raus in den Pausenhof! Der zu lesende Text ist in durchnummerierten Textteilen im Pausengelände aufgehängt. Die Kinder „rollen" von Textteil zu Textteil. Abschließend treffen sich die Kinder paarweise und bearbeiten ein Arbeitsblatt zum Textverständnis.

Tafeldiktat

Die Kinder stehen in 2–3 Reihen vor der Tafel. Sie diktieren den ersten Satzteil. Das erste Kind jeder Reihe schreibt diesen Teil an einen Tafelflügel und stellt sich hinten wieder an. Der nächste Satzteil wird diktiert usw. Fällt einem Gruppenmitglied ein Schreibfehler auf, so darf dieser sofort korrigiert werden. Welche Gruppe hat am wenigsten Fehler?

Wortarten erkennen

Sie sprechen deutlich und langsam Wörter vor. Hören die Kinder ein Namenwort (Nomen), stehen sie auf und werden groß wie ein Riese, hören sie ein Wiewort (Adjektiv), machen sie sich ganz klein an ihrem Tisch. Hören Sie ein Tuwort (Verb), gehen sie auf der Stelle.

Dies ist nur eine kleine Auswahl an Bewegungsangeboten im Klassenzimmer. Um es letztendlich konsequent durchzuführen, muss man es bereits bei der Stundenplanung mitberücksichtigen:

Nach welcher Phase fühlen sich meine Schüler angespannt und benötigen etwas Bewegung? Welche Phasen eignen sich für bewegte Unterrichtssequenzen? Besonders nach Phasen, die viel Konzentration und Aufmerksamkeit verlangen, kann man eine zunehmende Unruhe in der Klasse feststellen.

Eine gute Ergänzung zu bewegtem Unterricht ist es, regelmäßige Bewegungspausen in den Schulvormittag einzubauen. Dabei haben Sie verschiedene Möglichkeiten:

- Der Vormittag an Ihrer Schule wird durch mindestens 2 festgelegte Bewegungspausen unterbrochen.
- Sie lassen es in Ihrem eigenen Klassenunterricht zum Ritual werden: Stets nach einer 30-minütigen, kognitiv anstrengenden Phase wird eine tägliche 10-minütige Bewegungszeit angeboten.
- Sie wählen den Zeitpunkt situationsabhängig.

Bewegungspausen ...
ein „lehrerloses" Angebot

Nicht immer muss der Lehrer Anweiser, Instruktor, Animateur sein ...
Stehen den Kindern ausreichende Materialien zur Verfügung, so sind sie sehr
wohl in der Lage, ihre Bewegungspausen selbst zu organisieren. Dazu bedarf es
nur ein paar kleiner Vorbereitungen:

Die Klassenkiste

In jedem Klassenzimmer befindet sich eine Kiste mit Kleingeräten, die bei Bedarf
mit nach draußen genommen werden darf. Darin befinden sich:

- Jonglierbälle und Jongliertücher
- Jogurtbecher und Tischtennisbälle für „Jogurtbecher-Tennis"
- Indiaca
- ein Softball
- kleine Rückschlagspiele
- eventuell 2–3 Balancierbretter
- Sprungseile
- Gummitwist

Die Kisten sind beliebig und individuell ergänzbar.

Tipp: Ein Ordnungsdienst ist für diese Kiste verantwortlich,
überprüft den Inhalt und fordert die Geräte wieder zurück.

Spielekisten für den Pausenhof

An meiner Schule wurde der Pausenhof in verschiedene Spielzonen eingeteilt.
Für jede Zone und die entsprechenden Spielgeräte ist eine Klasse verantwortlich.
Wichtig ist, dass die Spielgeräte robust und nicht zu klein sind.

In unserem Angebot haben wir:

- Sprungseile
- Pedalos
- Hüpfbälle
- Stelzen
- Hula-Hoop-Reifen
- Badminton
- ein Softball für das Fußballfeld

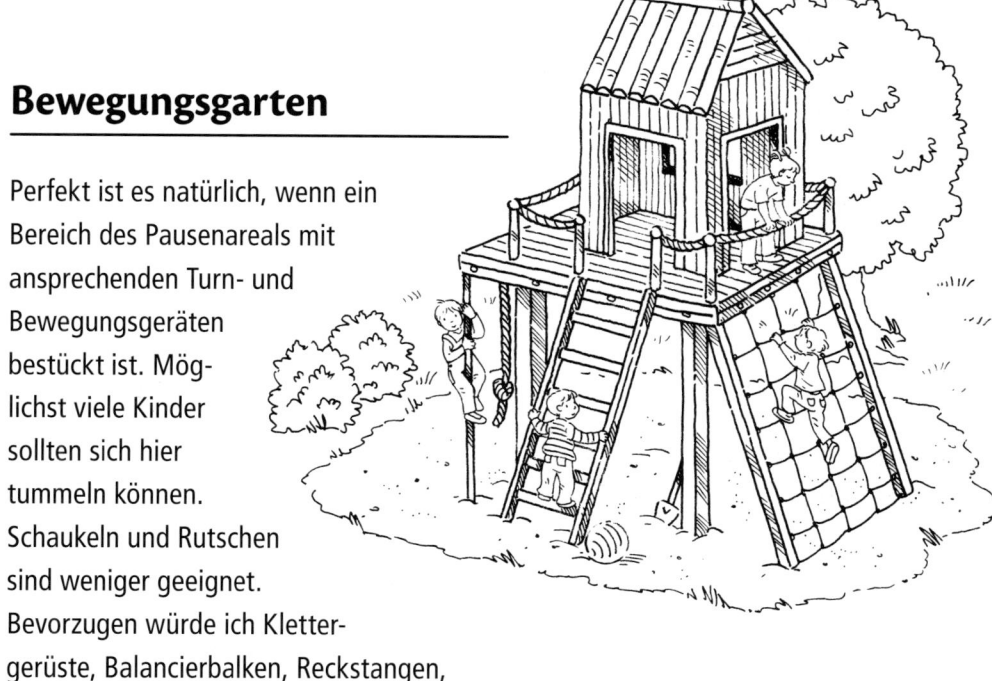

Bewegungsgarten

Perfekt ist es natürlich, wenn ein
Bereich des Pausenareals mit
ansprechenden Turn- und
Bewegungsgeräten
bestückt ist. Mög-
lichst viele Kinder
sollten sich hier
tummeln können.
Schaukeln und Rutschen
sind weniger geeignet.
Bevorzugen würde ich Kletter-
gerüste, Balancierbalken, Reckstangen,
Freikletterwände, Tischtennisplatten und Basketballkörbe.

Kapitel 9

Wir feiern ein Fest – Sportfeste gestalten

Olympischer 7-Kampf

Drunter und drüber

Ihr braucht:
2 Pylone
1 Seil
4 kleine Kästen
1 Weichbodenmatte

So geht es:
Arbeitet zu zweit. Bindet euch mit dem Seil an den Beinen zusammen. Kriecht unter der Matte her, und kriecht dann auf dem Bach über die Matte wieder zurück zum Startpunkt.

Bewertung:
1x geschafft =
3 Punkte

© Verlag an der Ruhr • Postfach 10 22 51 • 45422 Mülheim an der Ruhr • www.verlagruhr.de • ISBN 978-3-8346-0308-1

Wir feiern ein Fest – Sportfeste gestalten

Nach wie vor beliebt sind bei Grundschülern Sportfeste, wie zum Beispiel die Bundsjugendspiele. Die Erfahrung zeigt jedoch, dass diese Art von Sportfest nicht für alle Schüler gleichermaßen ansprechend ist: Nicht jedes Kind hat Gefallen an Leichtathletik oder Geräteturnen, weil seine Neigungen (vielleicht auch auf Grund seiner körperlichen Konstitutionen) in anderen sportlichen Bereichen liegen.

Sinnvoll ist ein solcher Wettbewerb auch nur – wie bereits in Kapitel 6 „Laufen, springen, werfen" (s. S. 111 ff.) erwähnt –, wenn im Sportunterricht zuvor genügend Übungsmöglichkeiten da waren. Sportfeste „der etwas anderen Art" verfolgen neben dem sportlichen Vergleich noch eine Reihe anderer Intentionen:

- Entsprechend der neuen Bildungspläne geht es darum, Leistungen in den verschiedenen Bereichen der sportlichen Basiskompetenzen zu erbringen: Kraft, Ausdauer, Geschicklichkeit, Schnelligkeit, Balancierfähigkeit, Beweglichkeit, Koordination.
- Anstatt individuelle Leistungen erbringen zu müssen, werden Teams gebildet, die gemeinsam oder abwechselnd die Aufgaben lösen, die sich helfen und unterstützen, damit motorisch schwächere Kinder nicht außen vor bleiben.
- Die fantasievollen und abwechslungsreichen Aufgaben machen Spaß und bringen den Kindern die Erkenntnis, dass sportliche Anstrengung Freude bereiten kann. Nur mit dieser positiven Einstellung werden sie lebenslang Sport treiben.

Hier nun ein paar **Tipps**, die die Planung erleichtern:

- Die ausgewählten Übungen sind für die Kinder leicht durchführbar. Sie brauchen keine langen Erklärungen oder Vorübungen.
- Jungen und Mädchen kommen gleichermaßen zum Zuge.
- Verschiedene Basiskompetenzen werden abgedeckt.
- Auch motorisch weniger begabte Kinder kommen zu einem Erfolgserlebnis.
- Kinder können in die Planung miteinbezogen werden.
- Ablaufplan, Organisationsplan, Aufgabenverteilung sind allen Kollegen im Vorfeld gut bekannt.

⚓ Das Zeitfenster ist großzügig bemessen. Es wird nicht zu viel Programm in den Tag „gepackt".

⚓ Bei Bedarf werden auch Eltern als Riegenführer oder Stationsbetreuer miteinbezogen.

⚓ Besonders an heißen Tagen ist für Sonnenschutz und ausreichend Getränke gesorgt.

⚓ Es gibt eine Erste-Hilfe-Station.

⚓ Der oder die Hauptkoordinatoren des Sportfestes sind für alle anderen Kollegen jederzeit Ansprechpartner.

⚓ Jedes Kind erhält am Schluss eine Teilnehmerurkunde.

⚓ Soll es kleine Preise geben? Wie wäre es, wenn anstatt eines Sachpreises Gutscheine verteilt werden (z.B. Wunschkarten für ein Fangspiel in der nächsten Sportstunde oder Hausaufgabengutscheine).

Vorstellen möchte ich Ihnen **3 Varianten von Sportfesten**:

1. Der olympische 7-Kampf in der Sporthalle (s. S. 146 – 149)

Die Kinder lösen ihre Aufgaben an Stationen in der Sporthalle. Der Vorteil ist die Wetterunabhängigkeit. Sportfeste in der Halle lassen sich sehr gut in den Herbst- und Wintermonaten durchführen.

2. Spaßolympiade im Sportgelände (s. S. 152 – 155)

Hier bieten sich vor allem Aufgaben an, die mit dem Laufen, Springen und Werfen zu tun haben.

3. Schulrallye – „Im Abenteuerland" (s. S. 158 – 162)

Hierbei geht es hinaus ins Grüne. Nahe dem Schulgelände wird ein Orientierungslauf mit verschiedenen Stationen aufgebaut. Zwischen den Stationen sollten stets mindestens 300 – 400 m liegen. Diese Wege sollten gehend zurückgelegt werden. Es geht also nicht um Schnelligkeit, sondern um Punkte, die an den einzelnen Stationen erreicht werden sollen.

Das klären Sie im Vorfeld ...

- Sind die Wege gefahrlos begehbar?
- Benötigen Sie eine Genehmigung des Forstamtes oder der Gemeindeverwaltung?
- Können die benötigten Utensilien problemlos zu den Stationen transportiert werden? Wenn ja, wie?

So können Sie planen ...

Legen Sie mit dem Kollegium in der Lehrerkonferenz fest,

- welche Art von Sportfest durchgeführt wird,
- wann es durchgeführt wird,
- wie lange es dauern soll
- und ob auch Eltern miteinbezogen werden sollen.

Bilden Sie eine Planungsgruppe von 3–4 Personen für die Feinplanung – diese Planungsgruppe muss nicht zwingend nur aus Sportkollegen bestehen. Wichtig ist auch der „PC-Fachmann", der „Organisator", der „Überleger und Bremser".

Checkliste ✓

für die Planungsgruppe

- [ ] Ort und Zeitplan des Sportfestes

- [ ] Genaue Beschreibung der verschiedenen Stationen

- [ ] Wegeplan / Hallenplan mit den Stationen

- [ ] Entwicklung von Stationskarten

- [ ] Material- und Geräteliste für die einzelnen Stationen

- [ ] Wer stellt welche Materialien bereit?

- [ ] Wie wird gewertet?

- [ ] Erstellung von Laufkarten bzw. Wertungskarten

- [ ] Kriterien für die Gruppeneinteilung – Wer teilt die Gruppen ein?

- [ ] Einteilung der Helfer

- [ ] Gestaltung der Urkunden – Kopien – Schreiben

- [ ] Eltern- und Schüler-Informationsbrief

- [ ] Gibt es einen gemeinsamen Anfang / Schluss / eine Siegerehrung?

- [ ] Organisation von Krankmeldungen

- [ ] Etwa eine Woche vor dem Termin werden alle Lehrkräfte genau informiert. Sie erhalten die entsprechend vorbereiteten Pläne und dürfen Fragen stellen.

© Verlag an der Ruhr • Postfach 10 22 51 • 45422 Mülheim an der Ruhr • www.verlagruhr.de • ISBN 978-3-8346-0308-1

Der olympische 7-Kampf in der Sporthalle

Entsprechend der Infrastruktur Ihrer Sporthalle wählen Sie 7 (bis 10) Stationsaufgaben aus.

Tipp: Müssen viele Kinder gleichzeitig bewegt werden, ist es einfacher, 7 Stationen 2-mal parallel aufzubauen, anstatt sich weitere neue Aufgaben auszudenken.

Die Kinder durchlaufen die Stationen entweder in Gruppen bis zu 6 Kindern – in diesem Falle bietet sich eine Mannschaftswertung an – oder aber paarweise. Die Anforderungskriterien sollten dem Alter der Kinder angepasst sein, d.h. die Anforderungen für die Klassen 1 und 2 sind etwas geringer.

| Station 1 | *Olympischer 7-Kampf* |

Drunter und drüber

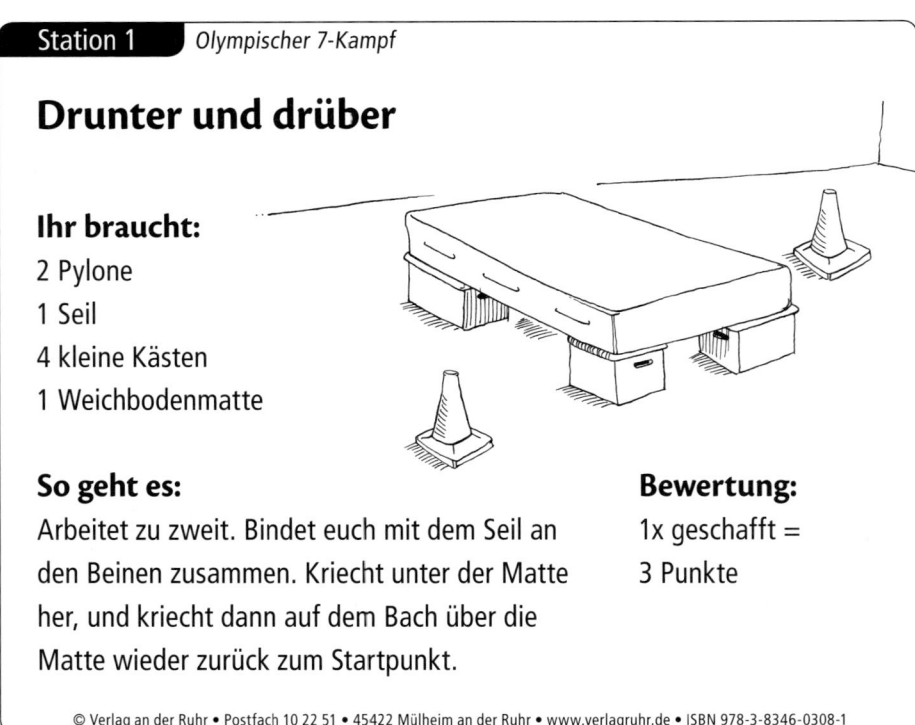

Ihr braucht:
2 Pylone
1 Seil
4 kleine Kästen
1 Weichbodenmatte

So geht es:
Arbeitet zu zweit. Bindet euch mit dem Seil an den Beinen zusammen. Kriecht unter der Matte her, und kriecht dann auf dem Bach über die Matte wieder zurück zum Startpunkt.

Bewertung:
1x geschafft =
3 Punkte

© Verlag an der Ruhr • Postfach 10 22 51 • 45422 Mülheim an der Ruhr • www.verlagruhr.de • ISBN 978-3-8346-0308-1

Station 2 — *Olympischer 7-Kampf*

Torschuss

Ihr braucht:

1 Pylon
1 großen Kasten
1 Kastenzwischenteil
1 Turnmatte
5 Softbälle

So geht es:

Arbeitet zu zweit. Schießt abwechselnd von dem Pylon aus ins Tor. Zusammen habt ihr 5 Versuche. Wie viele Tore könnt ihr schießen?

Bewertung:

3 Treffer = Höchstpunktzahl 3 Punkte

© Verlag an der Ruhr • Postfach 10 22 51 • 45422 Mülheim an der Ruhr • www.verlagruhr.de • ISBN 978-3-8346-0308-1

Station 3 — *Olympischer 7-Kampf*

Korbwurf

Ihr braucht:

1 Pylon
1 kleinen Kasten
1 Basketballkorb
5 Basketbälle

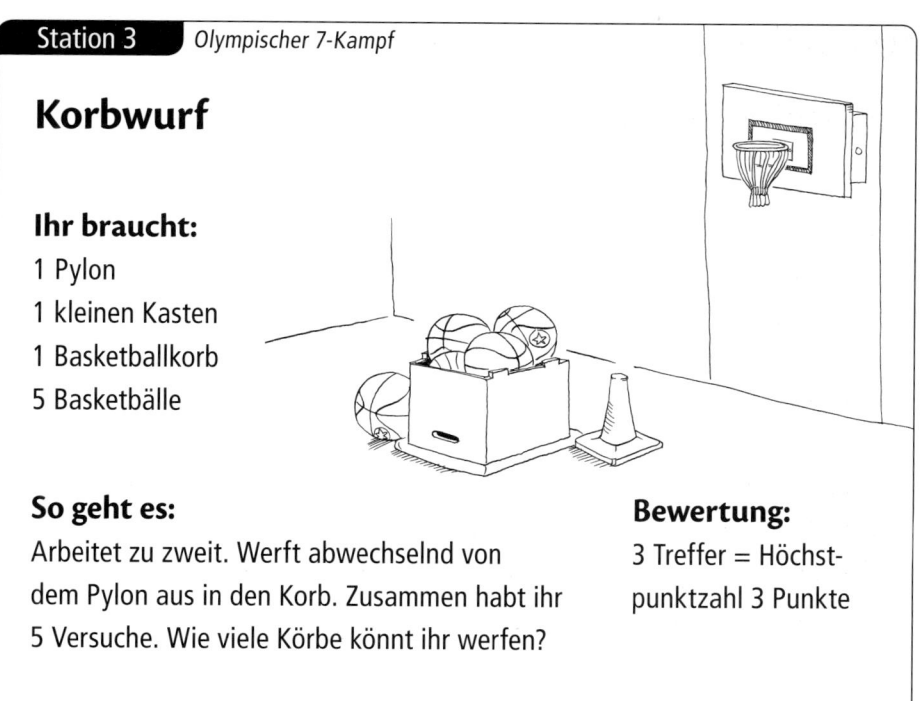

So geht es:

Arbeitet zu zweit. Werft abwechselnd von dem Pylon aus in den Korb. Zusammen habt ihr 5 Versuche. Wie viele Körbe könnt ihr werfen?

Bewertung:

3 Treffer = Höchstpunktzahl 3 Punkte

© Verlag an der Ruhr • Postfach 10 22 51 • 45422 Mülheim an der Ruhr • www.verlagruhr.de • ISBN 978-3-8346-0308-1

Station 4 · *Olympischer 7-Kampf*

Hochschwung

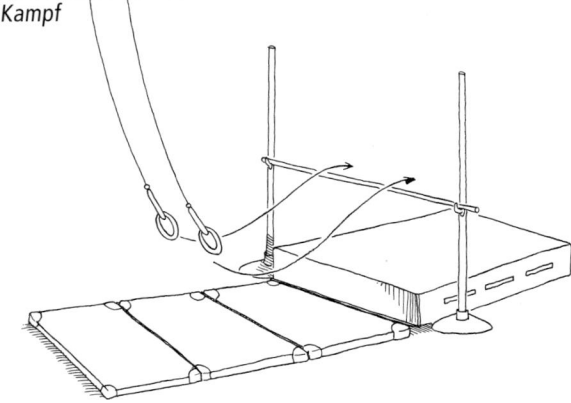

Ihr braucht:

1 Weichbodenmatte

1 Paar Ringe

3 Turnmatten

2 Hochsprungständer

1 Hochsprung-Latte

So geht es:

Arbeitet zu zweit. Der Erste von euch nimmt
etwas Anlauf und schwingt mit Hilfe der Ringe
über die Latte.

Bewertung:

Beide Kinder haben es
geschafft = 4 Punkte
Ein Kind hat es
geschafft = 2 Punkte

© Verlag an der Ruhr • Postfach 10 22 51 • 45422 Mülheim an der Ruhr • www.verlagruhr.de • ISBN 978-3-8346-0308-1

Station 5 · *Olympischer 7-Kampf*

Über die Schlucht

Ihr braucht:

3 Turnmatten

1 kleinen Kasten

1 Barren

Klebeband

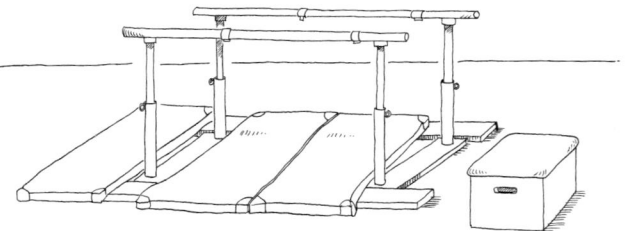

So geht es:

Arbeitet zu zweit. Jeder von euch
versucht, sich im Stütz über den
Barren zu hangeln.

Bewertung:

bis zur 1. Markierung = 1 Punkt
bis zur 2. Markierung = 2 Punkte

© Verlag an der Ruhr • Postfach 10 22 51 • 45422 Mülheim an der Ruhr • www.verlagruhr.de • ISBN 978-3-8346-0308-1

Station 6 — Olympischer 7-Kampf

Fang den Ball

Ihr braucht:
1 Langbank
1 Pylon
1 kleinen Kasten
5 Softbälle

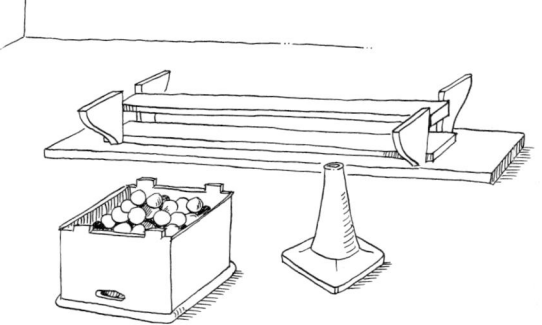

So geht es:
Arbeitet zu zweit. Ein Kind steht auf der umgedrehten Bank. Das 2. Kind wirft ihm den Ball zu.
Zusammen habt ihr 5 Versuche. Wie viele Male
schafft ihr es, den Ball zu fangen?

Bewertung:
3x gefangen =
Höchstpunktzahl
3 Punkte

© Verlag an der Ruhr • Postfach 10 22 51 • 45422 Mülheim an der Ruhr • www.verlagruhr.de • ISBN 978-3-8346-0308-1

Station 7 — Olympischer 7-Kampf

Bauchroller

Ihr braucht:
1 Reckstange
2 Pylone
1 Rollbrett
2 kleine Kästen

So geht es:
Arbeitet zu zweit.
Versucht abwechselnd,
mit dem Rollbrett um die Pylone zu fahren.
Legt euch dafür mit dem Bauch auf das Rollbrett.

Bewertung:
pro Kind 2 Punkte

© Verlag an der Ruhr • Postfach 10 22 51 • 45422 Mülheim an der Ruhr • www.verlagruhr.de • ISBN 978-3-8346-0308-1

Laufkarte
„Olympischer 7-Kampf"

Name: _____ **Klasse:** _____

Station	Punkte	Stempel
1. Drunter und drüber		
2. Torschuss		
3. Korbwurf		
4. Hochschwung		
5. Über die Schlucht		
6. Fang den Ball		
7. Bauchroller		
Gesamt		

© Verlag an der Ruhr • Postfach 10 22 51 • 45422 Mülheim an der Ruhr • www.verlagruhr.de • ISBN 978-3-8346-0308-1

URKUNDE

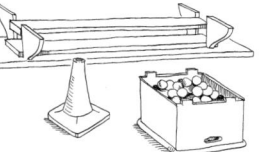

_____
(Name des Kindes)

hat erfolgreich am

„Olympischen 7-Kampf"

der _____
(Name der Schule)

teilgenommen und

_____ **Punkte**

erreicht.

Herzlichen Glückwunsch!

_____
Unterschrift

© Verlag an der Ruhr • Postfach 10 22 51 • 45422 Mülheim an der Ruhr • www.verlagruhr.de • ISBN 978-3-8346-0308-1

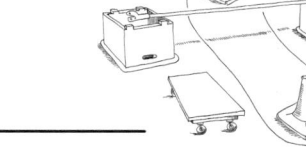

**Aber ich kann
nicht Sport** **doch gar
unterrichten!**

Spaßolympiade im Sportgelände

Die folgenden 7 Stationen sind so geplant, dass die Kinder die Aufgaben entweder mit Individual-Laufkarten lösen oder in Kleingruppen mit bis zu 4 Kindern durchlaufen.

Vorher wird festgelegt, ob jedes Kind die Aufgabe lösen muss oder ob es einen „Spezialisten" in der Gruppe gibt, der die Aufgabe löst. Wichtig ist, dass jeder Teilnehmer zum Zuge kommt und auch partnerschaftliche Lösungen erlaubt sind.

Station 1	*Spaßolympiade*

Hockeyschuss

Ihr braucht:

1 Tor

1 Pylon

2 Hockeybälle

2 Hockeyschläger

So geht es:

Jeder hat 5 Versuche. Schießt den Ball vom Pylon aus ins Tor. Wie viele Tore kannst du erzielen?

Bewertung:

5 Torschüsse =

Höchstpunktzahl

5 Punkte

© Verlag an der Ruhr • Postfach 10 22 51 • 45422 Mülheim an der Ruhr • www.verlagruhr.de • ISBN 978-3-8346-0308-1

Station 2 — *Spaßolympiade*

Ballweitstoß

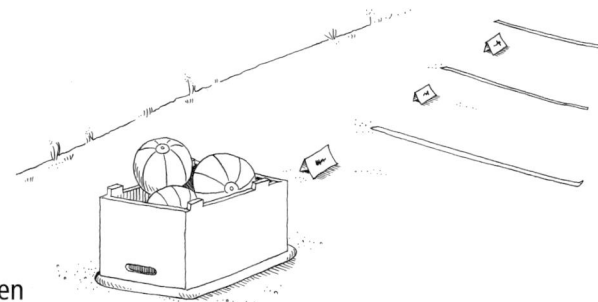

Ihr braucht:

1 Kiste mit Medizinbällen
Klebeband oder Seile
Aufstellkärtchen

So geht es:

Haltet den Ball mit beiden Händen vor der Brust.
Stoßt ihn dann so weit wie möglich ins Feld.
Jeder hat 3 Versuche. Der beste Versuch zählt.

Bewertung:

1. Markierungslinie
= 1 Punkt
2. Markierungslinie
= 2 Punkte
3. Markierungslinie
= 3 Punkte

© Verlag an der Ruhr • Postfach 10 22 51 • 45422 Mülheim an der Ruhr • www.verlagruhr.de • ISBN 978-3-8346-0308-1

Station 3 — *Spaßolympiade*

Doppelsprung

Ihr braucht:

1 Weitsprunganlage
1 Maßband

So geht es:

Springt beidbeinig von
der Markierungslinie in den
Sand, von dort aus sofort noch
einmal beidbeinig weiter.
Es wird die Gesamtweite gemessen.

Bewertung:

0,5 – 1 m = 1 Punkt
1,01 – 1,3 m = 2 Punkte
1,31 – 1,5 m = 3 Punkte

© Verlag an der Ruhr • Postfach 10 22 51 • 45422 Mülheim an der Ruhr • www.verlagruhr.de • ISBN 978-3-8346-0308-1

Station 4   *Spaßolympiade*

Hüpfball

Ihr braucht:

1 Hüpfball
2 Pylone
1 Stoppuhr

So geht es:

Umrundet mit dem Hüpfball so schnell wie
möglich die Hüpfbahn. Eure Lehrerin sagt euch, in
welcher Zeit ihr die Bahn umrundet haben solltet.

Bewertung:

Hüpfbahn in der
vorgegebenen Zeit
umrundet = 2 Punkte

© Verlag an der Ruhr • Postfach 10 22 51 • 45422 Mülheim an der Ruhr • www.verlagruhr.de • ISBN 978-3-8346-0308-1

Station 5   *Spaßolympiade*

Gummistiefelwurf

Ihr braucht:

1 Seil
3 – 4 Gummistiefel
1 Maßband

So geht es:

Stellt euch mit dem Rücken zur Wurflinie auf.
Versucht nun, den Gummistiefel durch die Beine
hindurch ins Spielfeld zu werfen.

Bewertung:

1 – 5 m = 2 Punkte
< 5 m = 4 Punkte

© Verlag an der Ruhr • Postfach 10 22 51 • 45422 Mülheim an der Ruhr • www.verlagruhr.de • ISBN 978-3-8346-0308-1

Station 6   *Spaßolympiade*

Schubkarrenrennen

Ihr braucht:

1 Schubkarre
2 Pylone
3 schwere Schulbücher

So geht es:

Versucht so schnell wie möglich, die 3 Bücher mit
der Schubkarre um die beiden Pylonen zu trans-
portieren. Eure Lehrerin sagt euch, in welcher Zeit
ihr die Bahn umrundet haben solltet.

Bewertung:

Laufbahn in der
vorgegebenen Zeit
umrundet = 2 Punkte

© Verlag an der Ruhr • Postfach 10 22 51 • 45422 Mülheim an der Ruhr • www.verlagruhr.de • ISBN 978-3-8346-0308-1

Station 7   *Spaßolympiade*

Indiaca-Weitwurf

Ihr braucht:

3–4 Indiaca-Bälle
1 Seil
1 Maßband

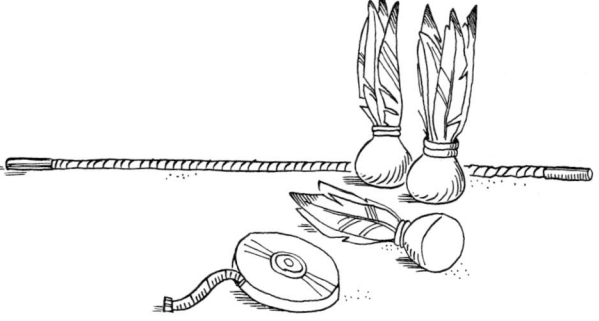

So geht es:

Versucht, den Indiaca-Ball so weit wie möglich
ins Spielfeld zu werfen. Jeder hat 3 Versuche.
Der beste wird gewertet.

Bewertung:

1–10 m = 1 Punkt
10–15 m = 2 Punkte
< 15 m = 3 Punkte

© Verlag an der Ruhr • Postfach 10 22 51 • 45422 Mülheim an der Ruhr • www.verlagruhr.de • ISBN 978-3-8346-0308-1

Aber ich kann
nicht Sport

doch gar
unterrichten!

Laufkarte
„Unsere Spaßolympiade"

Team: _____ **Klasse:** _____

Station	Punkte	Stempel
1. Hockeyschuss		
2. Ballweitstoß		
3. Doppelsprung		
4. Hüpfball		
5. Gummistiefelwurf		
6. Schubkarrenrennen		
7. Indiaca-Weitwurf		
Gesamt		

© Verlag an der Ruhr • Postfach 10 22 51 • 45422 Mülheim an der Ruhr • www.verlagruhr.de • ISBN 978-3-8346-0308-1

URKUNDE

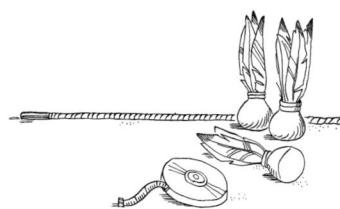

Das Team _____

hat erfolgreich an der

„Spaßolympiade"

der _____
(Name der Schule)

teilgenommen und

_____ **Punkte**

erreicht.

Herzlichen Glückwunsch!

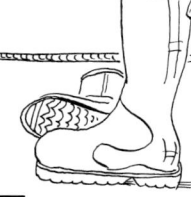

_____

Unterschrift

© Verlag an der Ruhr • Postfach 10 22 51 • 45422 Mülheim an der Ruhr • www.verlagruhr.de • ISBN 978-3-8346-0308-1

Schulrallye – „Im Abenteuerland"

Rallyes zu bewältigen, ist Teamarbeit! Bilden Sie für die Rallye am besten Mischgruppen: 2 Kinder aus Klasse 1 und Klasse 4 sowie 2 Kinder aus Klasse 2 und Klasse 3 bilden jeweils ein Wertungsteam. Denn: Gegenseitiges Helfen und Unterstützen ist gewünscht, und auch die Älteren können von den Kleineren profitieren!

Bei der Rallye durch das Gelände geht es nicht um Zeit. Im Vordergrund stehen Ausdauer, Geschicklichkeit und Koordination.

Tipps:

- Bauen Sie die Stationen so auf, dass genügend Abstand zwischen den einzelnen Aufgaben ist. Dennoch sollte zwischen den Stationen Sichtkontakt möglich sein.
- Die Rallye sollte stets ein Rundlauf sein. Start und Ziel sind identisch.

Um Drängeleien zu vermeiden, können die Gruppen die Aufgaben in unterschiedlicher Reihenfolge lösen. Organisationsbeispiel:

- **Gruppe 1** startet: 1, 2, 3, 4, 5, 6
- **Gruppe 2** startet: 6, 5, 4, 3, 2, 1

Bei kleineren Runden ist es auch möglich, den Weg 2-mal ablaufen zu lassen. Dann haben Sie die Möglichkeit wie folgt:

- **Gruppe 1** startet: 1, 3, 5, 6, 4, 2
- **Gruppe 2** startet: 2, 4, 6, 5, 3, 1

Vor dem Start gibt sich jede Gruppe einen Gruppennamen. Sie wählt ihren Gruppenführer und schreibt alle Gruppenmitglieder auf den Laufzettel.

Station 1 | *Schulrallye „Im Abenteuerland"*

Wett-Sägen

Ihr braucht:

2 Sägeböcke
2 Feinsägen
mehrere Dachlatten (mit
eingezeichneten Sägelinien)
1 Stoppuhr

Bewertung:

< 20 Sek. = 3 Punkte
20 – 30 Sek. = 2 Punkte
> 30 Sek. = 1 Punkt

So geht es:

Jeder von euch sägt möglichst schnell
ein Stück Dachlatte an den eingezeichneten Sägelinien ab.
Aber Achtung: Es ist zwar ein Wettspiel,
aber trotzdem müsst ihr mit der Säge
gut aufpassen! Arbeitet nie ohne die
Aufsicht eines Erwachsenen!

© Verlag an der Ruhr • Postfach 10 22 51 • 45422 Mülheim an der Ruhr • www.verlagruhr.de • ISBN 978-3-8346-0308-1

Station 2 | *Schulrallye „Im Abenteuerland"*

Pylonenfangen

Ihr braucht:

1 Kiste mit Tennisbällen
1 Seil
1 Pylon

Bewertung:

10 Treffer
= 4 Punkte
6 – 9 Treffer
= 3 Punkte
3 – 5 Treffer
= 2 Punkte

So geht es:

Einer von euch wirft von der Linie aus 5 Bälle
nacheinander zu seinem Partner. Dieser versucht,
die Bälle mit dem Pylon aufzufangen.
Wie viele Treffer schafft ihr?

© Verlag an der Ruhr • Postfach 10 22 51 • 45422 Mülheim an der Ruhr • www.verlagruhr.de • ISBN 978-3-8346-0308-1

**Aber ich kann doch gar
nicht Sport unterrichten!**

Zielwerfen

Ihr braucht:

1 Baum

1 Seil

1 Reifen

Eimer mit Tennisbällen

So geht es:

Wie oft schafft es jeder von euch, durch den
Reifen zu werfen? Jeder hat 3 Versuche.

Bewertung:

1 Treffer = 1 Punkt

2 Treffer = 2 Punkte

3 Treffer = 3 Punkte

© Verlag an der Ruhr • Postfach 10 22 51 • 45422 Mülheim an der Ruhr • www.verlagruhr.de • ISBN 978-3-8346-0308-1

Transporter

Ihr braucht:

2 Eimer

Steine oder Kastanien

1 Stoppuhr

So geht es:

Alle Steine sind in einem Eimer. Das erste Kind
nimmt sich einen Stein, läuft hinüber zum leeren
Eimer und legt den Stein dort hinein. Dann läuft
es zurück und nimmt sich wieder einen Stein.
Wiederholt dies 30 Sekunden lang. Wie viele
Steine wandern vom vollen zum leeren Eimer?

Bewertung:

5 Steine in 30 Sek.

= 1 Punkt

7 Steine in 30 Sek.

= 2 Punkte

10 Steine in 30 Sek.

= 3 Punkte

© Verlag an der Ruhr • Postfach 10 22 51 • 45422 Mülheim an der Ruhr • www.verlagruhr.de • ISBN 978-3-8346-0308-1

Station 5 — Schulrallye „Im Abenteuerland"

Speerwurf

Ihr braucht:

2–3 Turnstäbe

1 Seil

1 Maßband

So geht es:

Wie weit könnt ihr den Speer ins Spielfeld werfen? Jeder hat 3 Versuche. Der weiteste Versuch wird gewertet. Achtung: Erst werfen, wenn ihr freie Bahn habt! Niemand darf direkt hinter euch stehen. Wartet auf das „Los-Signal" eines Erwachsenen an der Station.

Bewertung:

1–5 m = 1 Punkt

5–12 m = 2 Punkte

> 12 m = 3 Punkte

© Verlag an der Ruhr • Postfach 10 22 51 • 45422 Mülheim an der Ruhr • www.verlagruhr.de • ISBN 978-3-8346-0308-1

Station 6 — Schulrallye „Im Abenteuerland"

Hammerspiel

Ihr braucht:

1 Hammer

1 Holzbrett

2 kleine Kästen

Nägel

1 Stoppuhr

So geht es:

Wie viele Nägel könnt ihr in 30 Sekunden ins Holzbrett schlagen? Achtung: Arbeit nur unter Aufsicht eines Erwachsenen!

Bewertung:

1–4 Nägel = 1 Punkt

5–7 Nägel = 2 Punkte

8–10 Nägel = 3 Punkte

© Verlag an der Ruhr • Postfach 10 22 51 • 45422 Mülheim an der Ruhr • www.verlagruhr.de • ISBN 978-3-8346-0308-1

| Station 7 | Schulrallye „Im Abenteuerland" |

Ihr braucht:

So geht es: **Bewertung:**

| Station 8 | Schulrallye „Im Abenteuerland" |

Ihr braucht:

So geht es: **Bewertung:**

Laufkarte
Schulrallye „Im Abenteuerland"

Name der Gruppe: _____

Gruppenführer: _____

Gruppenmitglieder: _____ _____

_____ _____

_____ _____

_____ _____

Reihenfolge der Stationen: _____

Station	Punkte	Stempel
1. Wett-Sägen		
2. Pylonenfangen		
3. Zielwerfen		
4. Transporter		
5. Speerwurf		
6. Hammerspiel		
7. _____		
8. _____		
Gesamt		

© Verlag an der Ruhr • Postfach 10 22 51 • 45422 Mülheim an der Ruhr • www.verlagruhr.de • ISBN 978-3-8346-0308-1

URKUNDE

Das Team _____

    hat erfolgreich an der

    Schulrallye „Im Abenteuerland"

der _____
<small>*(Name der Schule)*</small>

    teilgenommen und

_____ **Punkte**

    erreicht.

    Herzlichen Glückwunsch!

_____

Unterschrift

© Verlag an der Ruhr • Postfach 10 22 51 • 45422 Mülheim an der Ruhr • www.verlagruhr.de • ISBN 978-3-8346-0308-1

Kapitel 10

Zauberwort: Differenzierung

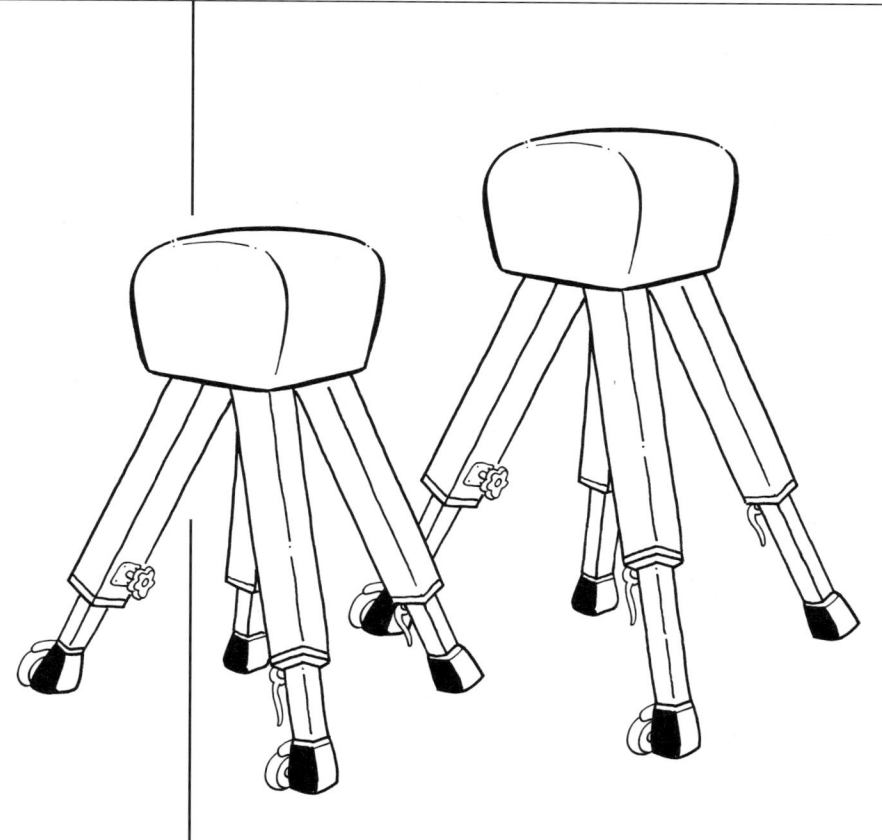

Zauberwort: Differenzierung

Bereits in der ersten Sportstunde wird es Ihnen bewusst: Ihre Schüler bringen ganz unterschiedliche Voraussetzungen mit. Die Heterogenität im Sport erscheint noch größer als in anderen Fächern. Weshalb ist das so?

Die körperliche Lernfähigkeit wird im Rahmen der Differenzierungsmaßnahmen an unseren Schulen kaum berücksichtigt. Die Leistungsauslese erfolgt nur auf Grund geistiger Qualifikation, deshalb bleibt im Sportunterricht aller Schularten die volle Streubreite erhalten. Daran ändern auch unsere Jahrgangsklassen nichts, denn bereits in der Grundschule unterscheiden sich die Kinder in ihren anlage-, entwicklungs- und interessenbedingten Fähigkeiten, Fertigkeiten und Erfahrungen, die die individuelle Lern- und Leistungsfähigkeit ausmachen. Das biologische Alter unterscheidet sich auch hier bereits vom kalendarischen Alter.

Unterschiede in Wachstum und Reifung, körperliche Konstitution und Motorik wirken sich auf die Möglichkeiten im Sportunterricht aus. Hinzu kommt die Struktur des Faches: Sport setzt sich aus sehr viel verschiedenen Sportarten zusammen. Zudem ist das Fach mit einem weitverzweigten, aktiven außerschulischen Bereich verknüpft: Bereits viele Grundschulkinder sind in Sportvereinen organisiert. Dort wird weniger auf eine breite Ausbildung von Basiskompetenzen Wert gelegt, sondern speziell geturnt, geschwommen, Fußball gespielt, gekämpft, Tennis gespielt und vieles mehr.

Wenn das **allgemeinste Ziel des Sportunterrichtes** die optimale Entwicklung aller körperlichen Anlagen (ererbte organische Voraussetzungen), Fähigkeiten und Begabungen ist, so sind differenzierte Angebote unumgänglich!

Darüber hinaus soll Bewegungserziehung

- der physischen und psychischen Gesunderhaltung dienen,
- Hilfe und Ausgleich bei Schäden und Schwächen sein,
- die Wachstums- und Entwicklungsvorgänge positiv beeinflussen,
- Spaß machen ...

Oje, ich kann Ihr Aufstöhnen bis an meinen Schreibtisch hier in meinem Arbeitszimmer hören: Wie soll ich diese Anforderungen nur umsetzen?

In diesem Kapitel habe ich ein paar Anregungen zusammengestellt, wie Sie Ihren Unterricht differenziert gestalten können, ohne sich zu verzetteln. Schon mit kleinen Tricks und Varianten gelingt es Ihnen, auf die verschiedenen individuellen Bedürfnisse der Kinder einzugehen.

Die mediale Differenzierung – oder wie mache ich mir die Gerätevielfalt der Sporthalle zu Nutze

In Kapitel 4 habe ich einige kleine Spiele und Übungsformen vorgestellt, die das Werfen und Fangen schulen. Einige Kinder bringen viel Vorerfahrung durch Vereinssport in diesem Bereich mit. Meist sind sie auch die „Talentierteren": Sie verfügen bereits über eine gute Wahrnehmungsfähigkeit und gehen mutiger einem fliegenden Ball entgegen, während sich andere häufig unsicher fühlen und erschreckt die Hände zurücknehmen, wenn der Ball kommt. Die einen muss ich also fordern, die anderen fördern:

- Eine Form, das Problem zu lösen, ist, den Kindern an den verschiedenen Stationen unterschiedliche Bälle anzubieten. Das Zielwerfen auf ein Objekt ist mit einem Tennisball anders als mit einem Softball oder einem Volleyball.

- Übe ich mit Grundschülern das Führen des Balles mit dem Fuß beim Fußball, so baue ich verschiedene Stationen auf. Selbst für kleine „Profis" ist es spannend, einen Slalom mit dem Tennisball am Fuß zu durchlaufen. Für ein anderes Kind stellt sich rasch ein Erfolgserlebnis ein, wenn es den Basketball am Fuß führen darf.

- Auch unsere Turngeräte sind ausgesprochen flexibel in ihrer Handhabung. Üben meine Schüler den Felgabzug (Purzelbaum an Barren oder Reck), so stelle ich sowohl Reckstangen als auch Barrenholmen zur Verfügung. Das Holz des Barrenholmens ist für viele Kinder anfangs angenehmer zu greifen. Unterschiedlich eingestellte Höhen bieten verschieden großen Kindern gleichgestellte Erfahrungsmöglichkeiten.

🔔 Sollen die Kinder Sprungerfahrung auf oder über den Kasten machen,
muss ich nicht zwingend den Kasten in verschiedenen Höhen anbieten.
Lieber variiere ich mit dem Sprungbrett: Die Sprungbretter in unseren
Sporthallen haben häufig verschiedene Federqualitäten. Weniger sprung-
starke Kinder üben mit einem sehr gut federnden Brett, oder ich biete das
Doppelbrett an (2 Sprungbretter liegen aufeinander).

Die Methode macht's ...

Sobald Kinder ausprobieren / explo-
rieren dürfen, sich kurz ohne enge
Übungsvorgaben bewegen, wird
intuitiv differenziert, sogar individua-
lisiert, denn jedes Kind bewegt sich im
Rahmen seiner persönlichen Möglichkeiten. **Exploration** bietet sich immer

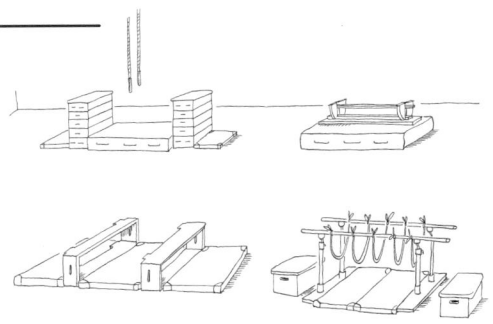

dann an, wenn Bewegungserfahrungen gesammelt werden sollen.
Einige Ideen hierzu finden Sie im Kapitel 4 (s. S. 62 ff.), in dem Beispiele
mit Seilen und anderen Materialien vorgestellt werden.

Optimal sind hier natürlich die **Bewegungslandschaften**: Eine Vielzahl
verschiedener Geräte bieten unterschiedlichste Bewegungserfahrung. Tummeln
sich unsere Grundschüler in diesen Bewegungslandschaften und man verbindet es
zudem mit einer kleinen Geschichte, kommen die Kinder auf immer neue Bewegungsideen. Mutigen oder bewegungserfahrenen Kindern können Sie durchaus
auch schwierigere Übungen gestatten.

In jeder Klasse, in der ich bisher unterrichtete, war ein kleines Turntalent, dem
ich erlaube, anstatt des Fußsprunges vom Kasten in den Weichboden auch eine
Flugrolle zu turnen. Wichtig ist, dass ich in diesem Falle selbst die Sicherheits-
stellung wahrnehme. Beim Turnen in Bewegungslandschaften kann ich ängstliche
Kinder an der Hand haltend über eine Bank führen und andere rückwärts laufen
lassen, ohne dass sich ein Kind gedemütigt fühlen wird.

Alles eine Frage der Organisation ...

Auch im Sport stehen uns unterschiedliche Sozial- und Organisationsformen zur Verfügung, die automatisch differenzierend wirken. Ob in Einzel- oder Partnerarbeit, in Mannschaften oder Gruppen: Durch gezielt differierende Aufgabenstellungen oder offene Angebote haben die Kinder die Möglichkeit, entsprechend ihren Fähigkeiten und Neigungen zu üben.

Wenn ich die Kinder zu Musik in kleinen Gruppen, z.B. mit dem Seil oder einem anderen Handgerät, eine Übung zusammenstellen lasse, kommen häufig höchst unterschiedliche Ideen zum Tragen: Während die Mädchengruppen gerne richtige Tanzchoreografien zusammenstellen, zeigen die Jungengruppen häufig Übungsvariationen, die eher athletisch orientiert sind, z.B. Kräftigungsübungen. Für mich ist beides in Ordnung, denn das Ziel ist es, Erfahrungen mit dem Handgerät und dem eigenen Körper zu machen.

Die Neigungsdifferenzierung – oder Mut zur Lücke

Selbst in der Grundschule kommt es vor, dass die Sportinteressen der Kinder schon sehr auseinandergehen. In diesen Klassen lasse ich die Kinder gerne mitentscheiden, in welcher Sportart oder Bewegungsaufgabe sie benotet werden wollen.

Beispiel **Spielformen**:
Sukzessive führe ich in den Klassen 3 und 4 die Kinder an die verschiedenen Ballspiele heran, z.B. Fußball und Basketball. Nun entscheiden sich die Kinder für eines der beiden Spiele. In den Folgestunden teile ich die Halle in 2 Bereiche auf. In einer Hälfte üben die Kinder, Fußball zu spielen, in der anderen Hälfte wird Basketball geübt. Für die Sportnote berücksichtige ich nur das Spiel, das die Kinder bevorzugt gewählt haben.

Perfekt ist es natürlich, wenn man parallel mit einem Kollegen unterrichten und die Neigungsgruppen aus 2 Klassen zusammenwürfeln kann. Zwar ist die Gruppenstärke dann größer, aber man läuft weniger Gefahr, sich zu verzetteln, und steht den Schülern stets zur Verfügung. Ähnlich verfahre ich bei den älteren Kindern im **Geräteturnen**: Nachdem verschiedene Geräteangebote eingeführt wurden, wählen die Kinder aus, wo sie sich verbessern wollen: eine Übung am Boden oder am Barren oder lieber ein Sprung über den Kasten? Die Kinder danken Ihnen diese Offenheit mit motivierter Mitarbeit, und ich halte den Grundsatz „Qualität vor Quantität" als bestätigt.

Wenn die eigene Leistung zählt ...

In der Grundschule sind leistungsdifferenzierte Übungsangebote eher unüblich. – Das bedeutet, dass man in einer Sportart leistungshomogene Gruppen bilden sollte. Am ehesten bietet sich diese Differenzierung im Bereich des **Geräte-turnens** an. Möchte ich z.B. das Überspringen eines Kastens anbieten, erlaube ich den Kindern, ihr Ziel aus verschiedenen Niveaus zu wählen:

1. Aufhocken auf den Kasten
2. Überspringen eines 4-teiligen Kastens
3. Überspringen eines 5-teiligen Kastens mit Doppelbrett

Entsprechend formieren sich die Riegen.

Ganz gleich, welche Form der Differenzierung Sie wählen, tun Sie es im Sinne der Kinder: Wichtig ist der **Lernfortschritt des Einzelnen**, sei er auch noch so klein – und der **Erhalt der Freude an der Bewegung**!

Literaturhinweise

Weitere Bücher aus der Reihe

Silberg, Jackie:
Aber ich kann doch gar nicht singen!
Musik unterrichten für „Unmusika-
lische". Kl. 1–5. Verlag an der Ruhr,
1999. ISBN 978-3-86072-444-6

Wierz, Jakobine:
Aber ich kann doch gar nicht malen!
Kunst unterrichten für „Schwarzseher".
Kl. 1–4. Verlag an der Ruhr, 2000.
ISBN 978-3-86072-562-7

Wierz, Jakobine:
**Aber ich kann doch gar nicht
textil gestalten!** Textilgestaltung
unterrichten für „Luftmaschenhäkler".
Kl. 1–5. Verlag an der Ruhr, 2002.
ISBN 978-3-86072-725-6

Wierz, Jakobine:
**Aber ich hab doch zwei linke
Hände!** Werken unterrichten für
„Ungeschickte". Kl. 1–5. Verlag an der
Ruhr, 2005. ISBN 978-3-8346-0001-1

Alles für den Sportunterricht

Bartl, Almuth; Wolters Dorothee:
Fun-Olympics. Sport- und
Spaßspiele für alle. Alle Alterstufen.
Verlag an der Ruhr, 1999.
ISBN 978-386072-445-3

Byl, John:
Auf- und Abwärmen ohne Trott.
101 motivierende Übungen und Spiele
für Kinder und Jugendliche.
8–15 J. Verlag an der Ruhr, 2005.
ISBN 978-3-86072-938-0

Harjung, Hans:
**Vielseitige Bewegungspausen
in der Schule.**
Kohl-Verlag, 2007.
ISBN 978-3-86632-733-7

Kosel, Andreas; Hecker, Gerhard:
**Schulung der Bewegungskoordi-
nation.** Übungen und Spiele für den
Sportunterricht der Grundschule.
Hofmann Schondorf, 2005.
ISBN 978-3-77803-634-1

Mertens, Michael:

Sport und Spiel mit Alltagsmaterial.
630 Trainingsideen für Gruppe, Freizeit
und Schule. Für alle Alterstufen. Verlag
an der Ruhr, 2005.
ISBN 978-3-86072-987-8

Möller, Nicole:

Das Rollbrett. Eine Kartei
mit Übungen und Spielen.
6–10 J. Verlag an der Ruhr, 2003.
ISBN 978-3-86072-812-3

Schraag, Manfred; Durlach, Frank-J.;
Mann, Christel:

Erlebniswelt Sport. Ideen für die
Praxis in Schule, Verein und Kinder-
garten. Hofmann Schondorf, 2004.
ISBN 978-3-77803-203-9

Söll, Wolfgang:

SPORTunterricht,
sport UNTERRICHTEN.
Ein Handbuch für Sportlehrer.
Hofmann Schorndorf, 2005.
ISBN 978-3-7780-3805-5

Sutherland, Charmain:

Es geht auch ohne Turnhalle.
Bewegungs- und Sportideen für
Klassenzimmer und andere Räume.
Kl. 2–4. Verlag an der Ruhr, 2007.
ISBN 978-3-8346-0255-8

Internettipps

Sport im Internet

Auf diesen Internetseiten finden
Sie Wissenswertes, Unterrichtsideen
und vieles mehr zum Thema „Sportunterricht":

- ▣ **www.die-schnelle-sportstunde.de**
- ▣ **www.bewegungsideen.de**
- ▣ **www.sportunterricht.de**
- ▣ **www.sportpaedagogik-online.de**
- ▣ **www.bildungssurfer.de**

- ▣ **www.verlagruhr.de**

*Die in diesem Werk angegebenen Internet-
adressen haben wir geprüft (Stand 10/2007).
Da sich Internetadressen und deren Inhalte
schnell verändern können, ist nicht auszuschlie-
ßen, dass unter einer Adresse inzwischen
ein ganz anderer Inhalt angeboten wird. Wir
können daher für die angegebenen Internetseiten keine Verantwortung übernehmen.*

Fachfremd unterrichten!